I0166119

ALGÉRIE

—

L'ISLÂM ALGÉRIEN

EN L'AN 1900

PAR

Edmond DOUTTÉ

BIBLIOTHÈQUE NATIONALE DE FRANCE

RÉPUBLIQUE FRANÇAISE

ALGER-MUSTAPHA
GIRALT, IMPRIMEUR-PHOTOGRAVEUR
Rue des Colons, 17
—
1900

AVANT-PROPOS

L'auteur a hâte de s'excuser du titre de cette brochure qui pourrait paraître ambitieux. Il fallait tâcher de donner à ceux qui, d'un œil plus ou moins distrait, feuilleteront ces notices destinées à l'Exposition de 1900, une idée d'ensemble de l'Islâm Algérien. On n'ose se flatter d'y avoir réussi: une religion est chose complexe, souvent mal définie. Nous avons largement mis à profit les travaux de grande vulgarisation qui ont paru sur l'Algérie. Si nous n'avons pas cité des noms à chaque page, c'est que nous avons craint d'alourdir le texte par un appareil de notes que le grand public n'eût pas pris d'intérêt à consulter et qui eut été superflu pour les érudits; mais dans la bibliographie qui se trouve à l'appendice, nous avons eu soin de mentionner tous les ouvrages dans lesquels nous avons puisé. Au reste nous n'avons pas hésité non plus à donner nos opinions personnelles, convaincus que, si elles peuvent parfois exprimer des vérités provisoires, elles pourront souvent aussi être complétées et rectifiées : c'est ce que nous appelons de tous nos vœux, puisque le progrès de nos connaissances n'est qu'à ce prix.

E. D.

SYSTÈME DE TRANSCRIPTION DES MOTS ARABES

ا	=	à, é		ص	=	c, ç
ب	=	b		ض	=	dh
ت	=	t		ط	=	t'
ث	=	ts		ظ	=	z'
ج	=	dj		ع	=	؛
ح	=	h'		غ	=	gh
خ	=	kh		ف	=	f
د	=	d		ق	=	k
ذ	=	dz		ك	=	k
ر	=	r		ل	=	l
ز	=	z		م	=	m
س	=	s		ن	=	n
ش	=	ch		ه	=	h

و (consonne)	=	ou, w.
و (de prolongation)	=	oû
ي (consonne)	=	y, i.
ي (de prolongation)	=	î.

Le ، est représenté seulement par l'allongement de la
voyelle qu'il suit. Le آ n'est pas représenté, ou l'est par e
muet. Le ة est représenté par un *a* et par *at* lorsqu'il est
suivi d'un آ

Les voyelles brèves sont représentées par celle de l'alpha-
bet français qui s'en rapproche le plus. On a conservé quelques orthographes vicieuses mais consacrées par l'usage,
telles que : cadi pour qâdhî, Coran pour qorân, muezzin pour
mouadzdzin, et les noms de lieux usuels ou dont la véritable
orthographe nous est restée inconnue.

CORRECTIONS

Page 10, ligne 13 : au lieu de « Nord », lisez « Sud ».

Page 15, ligne 2 : au lieu de « 'Omar », lisez « 'Otsmân ».

Page 25, ligne 10 : au lieu de « *h'oukhâm* », lisez « *h'oukkâm* ».

Page 39, ligne 16 : au lieu de « commun », lisez : « connu ».

Page 42, ligne 6 : après « *hist.* », ajoutez : « *Rel.* ».

Page 54, ligne 12, supprimez : « jamais ».

Page 66, ligne 23 : au lieu de « Djonaïdi », lisez « Djonéid ».

Page 56, ligne 28 : au lieu de « *llâdhi* », lisez : « Ilâhi ».

Page 64, ligne 25 et 26. lisez : « Les deux *qat'b*, c'est-à-dire les deux pôles, les deux plus grands saints de leur époque ».

Page 93, ligne 30 : au lieu de « initiative », lisez « initiation ».

Page 149, ligne 22 : après « saurait », ajoutez « être ».

ADDITION

Page 106, à la liste des cours intéressant l'Islâm qui sont professés à l'Ecole Supérieure des Lettres d'Alger, il faut ajouter le cours de philosophie musulmane professé par M. Gauthier. Ce cours, une des plus intéressantes innovations de l'Ecole d'Alger, a roulé cette année sur : *Le Roman philosophique de H'ayy ben Yaqdhân*. Il a été fréquenté assidûment par les élèves de la Médersa Supérieure d'Alger.

TABLE

L'ISLÂM ALGÉRIEN

EN L'AN 1900

I

Les dogmes de l'Islâm, le culte musulman, la loi

Exposer, même très sommairement, comme c'est le cas, les particularités de la religion mulsulmane dans le Maghrib et spécialement dans l'Algérie, c'est supposer que le lecteur est déjà au courant des traits généraux de l'Islâm dans tous les pays. On ne jugera peut-être pas inutile que nous résumions ici en quelques mots le credo du mahométisme et les obligations réligieuses imposées à ses adeptes.

La religion ou *din* (دين) comprend : la foi, en arabe *imân* (إيمان) et les pratiques, en arabe *a'mâl* (اعمال).

La foi consiste dans l'acceptation par le croyant des cinq dogmes fondamentaux suivants :

1° L'unité de Dieu ou *tawh'îd* (توحيد). C'est le dogme principal de l'Islâm, celui qui est affirmé dans la première partie de la profession de foi : « Il n'y a de dieu qu'Allâh ». Et cette affirmation est dirigée non seulement contre les idolâtres, mais encore contre les chrétiens qui admettent le dogme de la Trinité, les *ahl et-tatslîts* (اهل التثليث), que les musulmans appellent aussi *mouchrikoûna* (مشركون) c'est-à-dire « ceux qui donnent (à Dieu) des associés ». Dieu est éternel, n'engendre pas, il est immuable, omniscient et surtout omnipotent. C'est ce caractère de la puissance absolue de Dieu, conçue avec la plus grande énergie, qui est le trait distinctif du mahométisme, et Palgrave a pu dire que cette religion est « une sorte de panthéisme de la force ».

2° L'existence des anges. Ils n'ont pas de sexe, ils ne mangent ni ne boivent. Quelques-uns sont supérieurs aux autres et approchent le trône de Dieu (archanges) : ils sont appelés en arabe chérubins, *Karoûbiyyoûna* (كروبيون). Ce sont : Gabriel, en arabe *Djebrâ'il* (جبرائيل), l'ange des révélations, — Michel ou *Mîkâ'il* (ميكائيل) qui est chargé de veiller aux besoins de toutes les créatures ; il s'occupe des plantes, des graines, des bestiaux, etc.... et de tout ce qui est nécessaire à la subsistance de l'humanité, — *Isrâfil* (إسرافيل), qui sonnera de la trompette au jour de la résurrection, — et *Izrâ'il* (إزرائيل), qui reçoit l'âme des hommes à leur dernier soupir. Les autres anges ont chacun leurs fonctions. Les uns sont sur terre, les autres au ciel. Deux anges sont attachés à chaque homme pour écrire ses actions : l'un écrit les bonnes, l'autre les mauvaises. Deux autres anges, appelés *Mounkar* et *Nakir* (نكير et منكر) font passer aux morts un examen dans leur tombe. L'ange qui a la direction de l'enfer est appelé *Mâlik* (مالك). — Il y a aussi de bons et de mauvais génies, *djinn*, pluriel *djonoûn* (جن جنون) : ces derniers ont été créés du feu. Leur chef est le diable, *Chaït'ân* (شيطان), c'est-à-dire Satan, appelé aussi *Iblîs* (διάβολος ابليس). Il se nommait jadis *'Azâzil* (عزازيل), mais il a été maudit pour avoir refusé de se prosterner devant Adam. Au jour du jugement dernier, il entrera en enfer.

3° Les prophètes de Dieu. Le nombre total des prophètes mentionnés dans le Coran et désignés soit sous le nom de *nabi* (نبي annonciateur), soit sous le nom de *rasoûl* (رسول envoyé), est de 28. Ce sont : Adam, Idrîs ou Hénoch, Noé, Hoûd ou Heber, Çâlih', Abraham, Ismaël, Isaac, Jacob, Joseph, Loth, Moïse, Aaron, Cho'aïb (Jethro), Zacharie, Jean, Jésus, Elie, Elisée, David, Salomon, Job, Jonas, Esdras, Loqmân (Balaam ?), Dzoû l-Kifl (Isaïe, Obadie ou Ezéchiel ?), Dzoû l-Qarnaïn (Alexandre le Grand) et Mahomet. Mais la croyance musulmane en admet un bien plus grand nombre. Une tradition célèbre déclare qu'il y en a 124.000 : « On interrogea Mahomet sur les prophètes. Il répondit : il y en a 124.000. » — « Combien parmi eux, lui demanda-t-on, ont le titre d'envoyé ? » — « 313 en tout », répondit-il. Mahomet est le dernier des prophètes. Sa loi s'adresse aux hommes et aux génies ; il a fendu la lune en deux ; les arbres et les pierres le saluaient ; il est monté au ciel et s'est entretenu avec Dieu. Il a eu de Khadîdja, sa première femme, plusieurs enfants, dont une seule fille a survécu, Fât'ima. Khadîdja et Fât'ima sont au nombre des quatre femmes les plus parfaites. Les deux autres sont : Asia, femme de Pharaon, et Marie, mère de Jésus. Après les prophètes viennent les saints ; leur existence est un point canonique. Les quatre plus parfaits sont les quatre premiers khalifes : Aboû-Bekr, 'Omar, 'Otsmân et 'Alî.

4° Les Ecritures Saintes. Elles sont au nombre de 104 : dix de ces livres saints ont été envoyés à Adam ;

cinquante à Seth ; trente à Idrîs et dix à Abraham. Ce sont les *çohoûf el anbiyâ* (livres des Prophètes). Leurs noms particuliers ne sont pas connus. Les quatre autres livres sont : la *Tawrâ* (توراة) ou Pentateuque, envoyé à Moïse ; le *Zâboûr* (زابور) ou Psautier, envoyé à David ; l'Evangile ou *Indjil* (انجيل), envoyé à Jésus et le *Coran* (فرآن), envoyé à Mahomet. Ce dernier abroge tous les autres, les résume et les complète. Il est la parole même de Dieu, parole qui a existé de toute éternité, et ce dogme est un de ceux qui a été le plus discuté et qui a fait couler le plus de sang. Le Coran a été révélé à Mahomet en 23 ans, portion par portion. Il est pour les musulmans la source de toute science.

5° Le jugement dernier. A la fin du monde le soleil se lèvera à l'ouest ; on verra apparaître la Bête de l'Apocalypse ou *dâbbat el Ardh* (دابة الأرض) et l'Antichrist, en arabe *el masih' ed-dadjdjâl* (المسيح الدجال) c'est-à-dire « le faux christ ». Jésus descendra ici bas, embrassera l'islamisme, se mariera, aura des enfants ; Gog et Magog feront invasion sur la terre, mais Dieu, à la prière de Jésus, les exterminera ; puis le Mahdî (voy. *infra*, chap. v, *in fine*) apparaîtra et Jésus fera la prière derrière lui. Ensuite tous les êtres mourront et ressusciteront au coup de trompette d'Isrâfîl. Une balance sera dressée, où seront pesées les bonnes et les mauvaises actions. Ceux dont les mauvaise actions seront les plus lourdes iront en enfer, à moins que Dieu ne leur fasse miséricorde, soit spontanément, soit sur l'intercession des prophètes ou des saints. Mais l'intercession n'aura de valeur qu'à l'égard de ceux qui seront morts avec la foi musulmane. Les autres, les infidèles, idolâtres, juifs, chrétiens n'auront rien à espérer et ne pourront sortir de l'enfer quelles qu'aient été leurs vertus. Celui qui meurt avec un atome de foi *sortira sûrement de l'enfer un jour ou l'autre*. Dans le paradis, les élus ne vieilliront pas, n'auront pas de besoins matériels ; les houris qui seront à la disposition des croyants et les femmes seront exemptes des infirmités de leur sexe. Les descriptions enchanteresses que Mahomet a fait du paradis sont bien connues. Les damnés brûleront éternellement en enfer avec les démons et Dieu n'entendra point leurs cris de désespoir.

A ces cinq dogmes fondamentaux, on ajoute généralement celui de la prédestination. Dans la religion musulmane, comme dans la nôtre, la question de la prédestination a été l'objet de controverses. Elle a été résolue par l'orthodoxie musulmane dans le sens du fatalisme. Tout ce qui a été, tout ce qui est et tout ce qui sera a été décrété de toute éternité et écrit sur la « table conservée » en arabe *el loûh' el mah'foûz'* (اللوح المحفوظ). Dieu a tout arrêté : c'est le *qadar* (قدر), dont l'accomplissement est inévitable, et cet accomplissement même s'appelle le *qadhà* (قضاء).

Parmi les pratiques de la religion musulmane, il faut placer au premier rang, les cinq devoirs religieux fondamentaux sans l'observation desquels nul ne peut prétendre au titre de musulman. Ces devoirs sont des *'ibâdàt* (عبادات). On les appelle spécialement *arkân ed-din* (اركان الدين) ou « piliers de la religion ». Ce sont :

1° La récitation de la profession de foi musulmane : *Lâ ilâha illa llâh ou Moh'ammad rasoûlou llâh* (لا اله الا الله و محمد رسول الله), c'est-à-dire : « Il n'y a de

divinité qu'Allâh et Moh'ammed est son envoyé ».
Cette profession de foi s'appelle la *chehâda* (شهادة) ;
c'est l'acte essentiel pour celui qui veut se proclamer
musulman. Celui qui la prononce est tenu pour un
croyant jusqu'à preuve du contraire : à l'article de la
mort, la chehâda suffit pour trépasser en état de grâce.

2° La prière ou *çalât* (صلاة). Il y a par jour cinq
prières obligatoires qui sont : la prière du matin ou
çoubh' (صبح), entre l'aube et le lever du soleil ; la
prière du *z'ohr* (ظهر), un peu après midi ; la prière
de l'après-midi ou *'açr* (عصر) ; la prière du soir ou
maghreb (مغرب) au coucher du soleil ; la prière de
la nuit ou *'ichâ* (عشاء) entre la fin du crépuscule et
l'aube. — On prie chez soi ou à l'endroit où l'on se
trouve ; mais il faut qu'il y ait toujours au moins
quelques fidèles qui prient à la mosquée. Un muezzin,
mouadzdzin, fait du haut du minaret l'appel à la
prière qui est ainsi conçu : « Allâh est grand (quatre
fois répété). Je témoigne qu'il n'y a de divinité qu'Allâh (deux fois) ; je témoigne que Moh'ammed est
l'envoyé d'Allâh (deux fois) ; venez à la prière (deux fois) ;
venez à la félicité (deux fois) ; Allâh est grand (deux fois) ;
il n'y a de Dieu qu'Allâh (trois fois) ». La prière se compose de plusieurs *rak'a* (ركعة). Chaque rak'a se compose elle-même de la récitation de diverses formules
et prières et d'une succession d'attitudes : le musulman est d'abord debout, c'est le *qiyâm* (قيام) ; puis
il s'incline les mains appuyées sur les genoux, c'est
le *roukoû'* (ركوع) ; ensuite il se remet debout, cette
deuxième station levée est l'*i'tidâl* (اعتدال) ; puis il
se prosterne le visage contre terre, c'est le *soudjoûd*
(سجود) ; enfin il s'asseoit dans la posture dite *djou-*

loûs (جلوس) et la rak'a est terminée. L'ensemble des prières quotidiennes se compose de 17 rak'a obligatoires, plus 18 facultatives, sans compter la prière surérogatoire de la nuit appelée *ouitr* (وتر). — Le vendredi, la prière de midi est faite en commun à la mosquée ; le service est dirigé par un *imâm*, qui prononce ensuite une sorte de sermon ou *khot'ba* ; on lit également plusieurs passages du Coran. — Pour faire la prière, il faut être en état de pureté. La purification (*t'ahâra*, طهارة) au moyen des ablutions fait l'objet des prescriptions les plus minutieuses. Les choses impures sont : les porcs, les chiens, les liqueurs enivrantes, les cadavres, sauf ceux des animaux égorgés canoniquement, les excréments, l'urine..... Les rapports sexuels, la menstruation, la satisfaction des besoins naturels, etc., sont autant de causes d'impureté. Si les circonstances font que le croyant ne peut faire ses ablutions faute d'eau, il se frotte avec du sable. L'ablution s'appelle *oudhoû* (وضوء) et la purification par le sable, *tayammoum* (تيمّم). — Les occupations qui pourraient détourner l'homme de la prière sont plus ou moins proscrites : telles sont la peinture, la sculpture, la musique, les jeux de hasard, le luxe de la toilette.....

3° Le paiement de la *zakât* ou *çadaqa* (زكاة ou صدقة). C'était originairement un impôt perçu sur les bestiaux, l'or, l'argent, les fruits de la terre et les denrées commerciales. Le produit devait en être appliqué : au soulagement des indigents, à la rémunération des percepteurs, aux esclaves, aux combattants pour l'Islàm, aux voyageurs et à quelques autres classes de personnes moins importantes. La zakât n'est plus perçue par les gouvernements musulmans. Dans la théorie musulmane elle avait pour but de purifier les biens de la souillure du péché. On doit se garder de la confondre avec l'impôt du même nom que nous percevons en Algérie, dont l'orthographe officielle et incorrecte est *zekkat*, et qui est un impôt sur les têtes de bétail. Les confréries religieuses décorent du nom de *çadaqa* ou *zakât*, les tributs qu'elles prélèvent sur la masse des khouân : la zakât était en effet jadis un impôt à caractère essentiellement religieux.

4° Le jeûne, *çawm* ou *ciyâm* (صـوم ou صيام). Il a lieu pendant tout le mois de Ramadhân. Il commence chaque jour à l'aube, à partir du moment où il est possible de distinguer un fil blanc d'un fil noir et se continue jusqu'au coucher du soleil. Il consiste dans la privation absolue de toute espèce d'aliments ou de boissons. On ne doit rien avaler : on ne doit même pas fumer, ni respirer des parfums ; les rapports sexuels sont formellement interdits. Lorsque le Ramadhân tombe au mois de janvier, comme cette année, ces prescriptions sont supportables. Mais lorsqu'il vient, par suite du manque de coïncidence de l'année lunaire avec l'année solaire, à tomber au mois de juillet, par exemple, elles sont extrêmement pénibles, car il ne reste plus au fidèle que quelques heures de nuit pour manger et prendre un peu de repos, si ses moyens ne lui permettent pas de passer le jour à ne rien faire. Le moment du coucher du soleil que l'administration fait annoncer par un coup de canon est en général fiévreusement attendu par les fidèles affamés et à peine a-t-il retenti que la ville est en liesse. Alors ont lieu pendant la nuit des réjouissances, voire des orgies, qui ne contribuent pas à reposer les croyants. Aussi la fin du Ramadhân les trouve-elle en général fort affaiblis. Cependant ce jeûne est observé avec la plus grande rigueur ; les musulmans y mettent beaucoup d'ostentation et ceux qui ne l'observent pas sont mal-traités par les autres. Le jeûne n'est obligatoire que pour les individus majeurs ; les femmes enceintes, les malades, les voyageurs, ne sont pas astreints au jeûne en ramadhân ; mais il doivent, plus tard, s'ac-quitter de cette obligation. Pour s'assurer si un jeune homme a l'âge de jeûner, voici comment l'on procède ici : il prend une ficelle, il la double ; lorsqu'elle est doublée, il fait le tour du cou avec et il coupe les deux extrémités de façon que, doublée ainsi, elle ait juste la longueur de la circonférence du cou ; puis il prend entre les dents la double extrémité, et dédoublant la ficelle, il cherche à faire passer sa tête dans la bou-cle ainsi formée ; s'il réussit, il peut jeûner, sinon il doit encore attendre.

5° Le pèlerinage à la Mecque ou *h'adjdj* (ﺣ). Tout musulman doit l'accomplir au moins une fois dans sa vie ; dans la pratique, il n'en est pas ainsi : l'éloignement et le manque de ressources permettent difficilement, par exemple, aux Marocains et à nos indigènes de satisfaire à cette prescription. Ceux qui peuvent le faire sont relativement rares et le titre de *h'âdjdj* (ﺣ) qu'ils reçoivent à leur retour est un titre honorifique et fort envié. Le Gouvernement fran-çais ne permet pas aux indigènes de se rendre par terre à la Mecque ; ils doivent s'embarquer sur des paquebots spéciaux, soumis à un règlement minutieux au point de vue de l'hygiène. C'est en effet par des

pèlerins revenant de la Mecque que de graves épidé-
mies se sont souvent répandues. En outre l'administration exige des pèlerins qu'ils justifient posséder
une somme de mille francs. Cette mesure a été prise
à la suite d'embarras que causaient à nos représentants en Orient, de nombreux indigènes qui, après
avoir effectué le pèlerinage, restaient sans ressources
et dans le plus affreux dénuement faute de pouvoir
regagner leur pays. Malgré ces dispositions régle-
mentaires, d'assez nombreux indigènes trompent chaque année la surveillance administrative et réussis-
sent à gagner à pied la Mecque, après une année de
marche à travers le Sahara, le nord Tunisien, Tripoli, la Cyrénaïque et l'Egypte. Ils mettent ordinairement deux à trois ans à accomplir le pèlerinage
dans ces conditions. A leur retour, si leur voyage est
connu de l'administration, il est pris contre eux des
mesures disciplinaires. Lorsqu'un *h'àdjdj* rentre dans
un village, il est généralement l'objet de manifestations enthousiastes et des réjouissances sont souvent
organisées en son honneur. — Dès que le pèlerin
pénètre dans la Terre Sainte, il quitte ses vêtements
et s'habille de deux pièces d'étoffe, l'une autour du
corps, l'autre sur les épaules, découvrant le bras droit :
il reste tête nue. C'est ce qu'on appelle l'*ih'râm* (الحرام).
De plus il ne se rase plus, ne se coupe plus les ongles
et s'abstient de tous rapports sexuels. Le pèlerin se
rend ensuite à la mosquée appelée *el-masdjid el-h'arâm*
(المسجد الحرام), c'est-à-dire « la mosquée sacrée ». A
l'intérieur de cette mosquée, vaste enceinte quadran-
gulaire, se trouvent : la *Ka'ba* (كعبة), temple de
forme cubique, construit, dit-on, par Adam, et dans le

mur de laquelle est maçonnée la fameuse « pierre noire »
qui vient du paradis et qui fut donnée à Adam (elle
était jadis blanche, mais les péchés des hommes l'ont
rendue noire) ; les tombeaux d'Agar et d'Ismaël ; la
source de Zemzem que Dieu fit sourdre aux pieds
d'Agar, lorsque Abraham abandonna celle-ci dans le
désert avec son fils et qu'ils furent sur le point de
mourir de faim ; et différents autres endroits rappe-
lants de saints et très antiques souvenirs. Le pèlerin fait
sept fois le tour de la Ka'ba, en baisant la pierre
noire ; ce sont les *t'aouâf* (طــواٍف) ou « tournées ».
Ensuite il est d'usage de courir sept fois entre deux
collines voisines, appelées *Çafâ* et *Maroua*, en souvenir, dit-on, des courses d'Agar, affolée en voyant son
fils qui allait mourir de soif. Après quoi on se rend à la
vallée de la *Minâ*, puis au mont *'Arafât* où l'on
entend un sermon et où l'on récite de nombreuses
prières ; on court ensuite jusqu'à *Mozdalifa* et le jour
suivant, qui est le 10 du mois de *Dzou l-H'idjdja*, on
revient à Minà. On jette des pierres en plusieurs
endroits (sept pierres chaque fois) à l'instar d'Abraham
qui, dit-on, chassa en ces endroits le diable à coups
de cailloux ; puis on sacrifie une victime, chameau,
bœuf, mouton. C'est la fête des sacrifices, *'id* ('aïd)
el-qorbân (عيد الفربان). Après ce sacrifice, le pèlerin
revient à la Mecque, quitte l'ih'râm, fait encore sept
fois le tour de la Ka'ba ; puis il retourne à Mina et y
jette de nouveau des pierres. On revient enfin à la
Mecque et on fait une dernière fois sept tournées
autour de la Ka'ba. Le pèlerinage est terminé. —
Toutes ces cérémonies sont évidemment d'origine
païenne et elle détonnent un peu dans l'ensemble des

prescriptions du mahométisme, d'où est si soigneusement proscrite, par ailleurs, toute coutume païenne :
on peut dire avec raison que ces cérémonies du pèlerinage sont un bloc de paganisme transporté tel quel
dans l'Islâm (Wellhausen).

A côté de ces obligations fondamentales qui incombent à tous les croyants sans exception (*fardh 'aïnin,*
عين فرض), il y a d'autres devoirs qui incombent à la
communauté (*fardh kifâiatin,* كـفـايـتـة فرض). De ce
nombre sont : l'obligation d'avoir un imâm et la
guerre sainte.

Tous les fidèles doivent avoir un chef suprême
nommé *imâm* (إمام) ou *khalifat Allâh* (خليفة الله,
« lieutenant de Dieu ») ou *amîr el-moûminîn* (أمير
المؤمنين, « commandeur des croyants ») : il doit être
issu de Qoréich, la tribu du Prophète et, autant que
possible, pris dans la descendance de Mahomet. Le
sultan de Constantinople ne satisfait pas à cette condition : mais il prétend s'appuyer sur une cession que
le dernier khalife régulier des 'Abbâsides du Caire
lui aurait faite de ses pouvoirs : il peut donc être
reconnu avec quelque apparence de raison comme
imâm ou khalife. Mais le sultan du Maroc prétend
aussi à ce titre : or il passe couramment pour descen-
dre de la fille du Prophète. Ses droits sont donc en
apparence supérieurs à ceux du sultan turc et c'est une
considération qui peut avoir éventuellement son importance pour notre politique à venir dans l'Afrique du
Nord.

Aux yeux des musulmans le monde est divisé en
deux parties : le *dâr el-islâm* ou territoire des croyants

(دار الاسلام) et le *dâr el h'arb* ou territoire de la guerre
(دار الحرب) habité par les infidèles qui ne se soumet-
tent pas aux musulmans et ne consentent pas à leur
payer un tribut. La guerre sainte ou *djihâd* (جهاد) contre les infidèles du *dâr el-h'arb* est un devoir pour l'état
musulman. Aussi est-ce au nom du djihâd qu'ont été
prêchées toutes les insurrections contre notre domination en Algérie. Les infidèles qui refusent de reconnaître l'islamisme peuvent être mis à mort ou réduits
en esclavage : mais les juifs, les chrétiens et les çabéens
(*el iahoûd*, اليهود ; *en-naçârâ*, النصارى ; *eç-çâbiyyoûna*,
الصابيون), c'est-à-dire ce qui ont reçu des écritures
saintes, les juifs de Moïse, les chrétiens de Jésus, les
çabéens de Noë, ont le privilège de ne pas être autrement inquiétés s'ils consentent à payer une capitation
dite *djeziyya* (جزية). Ils reçoivent alors le nom de
dzimmi : ils doivent s'habiller d'une certaine façon ;
ne peuvent monter à cheval ; doivent céder le pas aux
musulmans en toute occasion ; ne peuvent posséder
des esclaves, ni épouser des croyantes ; ne peuvent
sonner les cloches (chrétiens) ou édifier de nouveaux
temples à leur usage. Par contre, ils ne peuvent être
réduits en esclavage ; il est permis aux croyants
d'épouser leurs femmes, et le musulman qui épouse
l'une d'elles doit lui laisser le libre exercice de sa
religion.

Les musulmans ne distinguent pas la loi civile de la
loi religieuse ; toutes les obligations, même celles qui
se rapportent aux contrats purement civils pour nous,
sont pour eux d'obligation canonique. Toutes les
actions possibles de l'homme sont divisées en cinq
catégories : le *ouâdjib* (واجب) c'est-à-dire ce qui est

obligatoire ; lorsque le *ouâdjib* est une prescription du Coran lui-même, on l'appelle *fardh* (وٯرض) — le *mandoûb* (مندوب) ou ce qui est recommandé — le *moubâh* (مباح) ou ce qui est licite — le *makroûh* (مكروه) ou ce qui est blâmable, mais néanmoins toléré — et le *h'arâm* (حرام) ou ce qui est défendu.

L'apostat est puni de mort, à moins que, dans un court délai, il ne revienne sur son apostasie. L'apostat s'appelle en arabe *mourtad l* (مرتد) ; dans l'Algérie, où les renégats sont naturellement nombreux, les indigènes les appellent vulgairement *mtourni*, du mot français « tourné » conjugué suivant les règles de la grammaire arabe.

II

Les sources de la loi religieuse

Nous venons d'exposer le credo musulman. Il nous faut maintenant expliquer quelles sont les fondements de la loi religieuse, les sources sur lesquelles elle s'appuie. On en reconnaît généralement quatre, qui sont : le Coran, la Tradition, le consentement universel des docteurs et l'analogie.

1º Le Coran est la parole même de Dieu, éternelle comme lui. Il renferme donc tout, implicitement ou explicitement. Il n'a pas été rédigé du temps de Mahomet. Les compagnons (*ach'âb*, أصحاب) du Prophète l'avaient retenu de mémoire ou en avaient écrit seulement

des portions. Une première rédaction eut lieu sous Aboû-
Bekr, mais ce n'est que sous 'Omar qu'un texte officiel
fut définitivement arrêté. Toutes les autres versions
furent détruites.

Tel que nous le connaissons le Coran se compose de
114 chapitres ou « *sourates* » (سورة) qui ne sont pas
rangées par ordre chronologique. Les dernières, qui
sont les premières par ordre de date, ont été révélées
à la Mecque, les premières au contraire à Médine. Les
musulmans divisent encore le Coran en : *a*) 323.671
lettres ; *b*) 77.934 mots ; *c*) 6.211 versets, appelés
chacun *àïa* (آية) ; *d*) 30 parties dites *djouz* (جزء) ou
60 parties, dites *h'izb* (حزب). Ces dernières divisions
sont celles qui, dans la pratique, sont le plus employées
par les musulmans pour la récitation du Coran.

Cette récitation elle-même (*qiràa*, قراءة) fait l'objet
d'une science spéciale, le *tadjouid* (علم التجويد) qui est
proprement l'art de psalmodier le Coran. Il y a plusieurs écoles également renommées pour la lecture et
la récitation du Coran. Le mot *qoràn* du reste signifie récitation et non lecture. C'est par une extension
abusive que le verbe arabe *qaraa* qui signifie « psalmodier » a reçu le sens de lire : le vrai mot arabe
pour dire « lire » est *t'àla'a* (طالع).

L'interprétation du Coran a été naturellement de la
part des musulmans l'objet de travaux considérables ;
certains versets ayant été révélés à des époques différentes sont contradictoires. Mais l'époque de la révé-
lation n'étant justement pas indiquée dans le texte du
Coran lui-même, la difficulté était de reconnaître
lequel des deux textes contradictoires était abrogé. La
science de l'abrogeant et de l'abrogé, *'ilm en-nâsikh*

oua l-mansoûkh (علم الناسخ والمنسوخ) a été l'objet d'ouvrages d'autant plus nombreux que les versets contradictoires sont souvent relatifs à des sujets importants.

Les commentaires du Coran sont innombrables : un
des plus anciens est celui de T'abarî († 310 H ;
923 J. C.); ceux d'Ez-Zamakhchârî († 538 H ; 1143 J. C.)
et d'El-Baïdhâwî († 685 H ; 1286 J. C.) jouissent d'une
grande réputation ; leur orthodoxie a parfois été contestée. Un des plus courts et des plus simples est
celui qui a été composé par Djelâl ed-dîn el Mah'allî
(† 864 H ; 1460 J. C.) et par Djelâl ed-dîn es-Soyoût'î
(† 911 H ; 1505 J. C.) ; il est habituellement appelé
commentaire des deux Djelâl, *tefsîr el-Djelâlaïn*
(تفسير الجلالين). Un des plus étendus et des plus usités
est le grand commentaire d'Er-Râzî († 606 H ;
1209 J. C.). Celui que les indigènes algériens consul-
tent le plus volontiers est le commentaire d'El-Khâ-
zin († 741 H ; 1340 J. C.) ; il est d'un style facile et
donne des explications abondantes. Nombre de commentaires ont été commentés eux-mêmes. C'est ainsi
que de nombreux supercommentaires ont été com-
posés sur le commentaire d'El-Baïdhâouî, dont les
obscurités appellent mainte et mainte fois des explications. Les commentaires du Coran prennent le nom
de *tefsîr* : le nom de *charh'* (شرح) est réservé aux
autres commentaires.

La meilleure édition européenne du Coran est l'édition stéréotypée de Flügel imprimée à Leipzig ; Savary
et Kasimirski en ont chacun, dans ce siècle, donné
une traduction française ; la traduction anglaise de
Sale nous paraît une des plus recommandables.

2° Le Coran, n'étant pas toujours suffisamment explicite est complété par la tradition ou *sounna* (سنة). Ce mot signifie « conduite » et s'entend de la conduite du Prophète, en telle ou telle circonstance, telle qu'elle a été rapportée par ses compagnons ou *açh'âb*, ou par les successeurs des compagnons, *tâbi'oû l-açh'âb* (تابعو الاصحاب). On nomme ainsi ceux qui n'ayant pas connu le Prophète ont néanmoins connu quelqu'un de ses compagnons. Ceux qui n'ont pu que connaître quelqu'un qui avait connu lui-même Mahomet, sont appelés « successeurs des successeurs » *tâbi'oû t-tâbi'în* (تابعو التابعين). Toute tradition doit être appuyée sur une de ces autorités et accompagnée des noms de tous les docteurs qui se la sont transmise. On tire argument non seulement de la parole du Prophète (*h'adîts*, حديث), mais encore de son silence (*çamt*, صمت).

La tradition est pour la loi religieuse une source beaucoup plus abondante que le texte du Coran ; le nombre des traditions que l'on a rapportées est immense et dans les premiers siècles de l'Hégire on en était arrivé à prêter au Prophète les propos les plus contradictoires. La chaine des appuis (*isnâd*, اسناد) dont nous venons de parler n'était pas une forte garantie et il est toujours facile de faire parler les morts. La tradition était devenue finalement comme une espèce de genre littéraire, au moyen duquel on plaçait dans la bouche du Prophète les opinions de la doctrine que l'on voulait défendre. Le mérite des grands traditionnistes arabes fut de faire un triage dans ce chaos : ils rejetèrent toutes les traditions contraires à l'orthodoxie islâmique, ne conservant que celles qui avaient une grande autorité et, par des interprétations plus ou moins subtiles, ils s'employèrent à mettre d'accord celles qui ne concordaient pas entre elles.

L'imâm Mâlik ben Anas († 179 H ; 795 J. C.) et l'imâm Ah'med ben H'anbal († 241 H ; 855 J. C.) réunirent un grand nombre de traditions, l'un dans son *Mouwat't'a* (الموطإ), l'autre dans son *Mousnad* (المسند). Ce dernier titre est commun à beaucoup de recueils du même genre. Mais le véritable corpus de traditions qui fait loi dans l'Islâm est formé par les ouvrages de six célèbres traditionnistes dont voici les noms :

a) Aboû 'Abdallâh Moh'ammed ben Ismâ'il el Boukhârî († 256 H ; 870 J. C.), auteur du recueil de traditions connu sous le nom de *eç-çah'ih'* (الجامع الصحيح). Son livre en certains pays, entre autres dans l'Afrique du Nord, est révéré presque à l'égal du Coran. Au Maroc en particulier, on en fait la lecture dans toutes les fêtes religieuses ; le sultan en expédition le fait porter devant lui ; la garde noire que se sont constituée les chérifs marocains porte le nom de *'abid el Boukhârî* parce que, dit-on, les nègres qui la compose ont prêté serment sur ce livre sacré.

b) Aboû el H'oséin Mouslim ben El H'adjdjâdj († 261 H ; 875 J. C.) est l'auteur d'un autre *çah'ih'*, estimé à l'égal de celui d'El Boukhâri : lorsque l'on dit *eç çah'ih'âni*, les deux *çah'ih'*, on désigne ces deux ouvrages qui jouissent de la plus haute autorité.

c) Aboû Dâoûd Souléimân ben el-Ach'ats († 275 H ; 888 J. C.) est l'auteur du recueil connu sous le nom d'*es-sounan* (السنن).

d) Aboû 'Isâ (Aïssa) Moh'ammed ben 'Isâ t-Tirmidzî († 279 H ; 892 J. C.) a intitulé son ouvrage *Eç Çah'ih'* comme El Boukhâri et Moslim.

e) Celui d'Aboû 'Abderrah'mân en-Nasa'î (+ 302 H ;
.914 J. C.) porte comme celui d'Et-Tirmidzî le titre
d'*es-sounan*.

f) C'est également le titre du recueil d'Aboû 'Abdallâh Moh'ammed ben Yezîd ben Mâdja el-Qazouînî
(+ 273 H; 886 J. C).

Il existe du reste nombre d'autres recueils de
h'adîts, mais ils sont beaucoup moins connus et n'ont
guère d'autorité. Il faut cependant citer à part *El
Djâmi' eç çaghir* de l'imâm Djelâl ed-Dîn es-Soyoût'î,
qui est un compendium des plus útiles, et *Maçâbih'
es-Sounna* d'El Baghâwî avec son commentaire *Michkât
el Maçâbih'* d'Et Tibrîzî, qui jouit d'une grande réputation en Orient et a été traduit en anglais.

3° L'*Idjmâ'* (اجماع) ou consentement universel des docteurs musulmans. Lorsque les hérésies et le scepti-
cisme envahirent l'Islâm, il ne suffit plus d'en appeler
au Coran et à la tradition : l'authenticité même de ces
deux sources en effet était contestée. Comment, dans
ces conditions, garantir l'authenticité du Coran lui-
même? Comment prouver que les interprétations que
l'on en donnait étaient bonnes? Pourquoi les h'adîts
n'auraient-ils pas été rapportés inexactement ou expliqués arbitrairement ? « De même que l'Eglise catholi-
que, cherchant une source de vérités toujours accessible, en vint à se déclarer infaillible, de même la com-
muuauté musulmane fut amenée à se déclarer au-
dessus de toute erreur. » L'*Idjmâ'* est « l'axiome
fondamental du dogme et du droit dans l'Islâm ;
seule, elle met fin au doute » (Snouck Hurgronje). Elle
se définit : « L'unanimité des savants d'une époque
déterminée sur un point de la loi religieuse. » C'est donc

à tort que les musulmans cherchent à la légitimer par le Coran et la tradition, puisque, seule, elle peut garantir ce même Coran et cette même tradition.

4°) Le raisonnement par analogie ou *qiyâs* (فياس) est compté par les musulmans au nombre des fondements de la loi. En réalité il n'y a aucune raison pour cela : le qiyâs n'est pas autre chose en effet, comme Snouck Hurgronje et Goldziher l'ont fort bien fait remarquer, que la logique, et spécialement le genre d'induction appelé *analogie*, appliqué à l'étude des autres sources. Il n'est pas une source, mais une méthode pour tirer des sources ce qu'elles contiennent. Pourquoi donc l'a-t-on placé sur le même rang que les autres fondements (*ouçoul*, اصول) de la loi ? C'est simplement en souvenir des luttes violentes que se livrèrent entre elles, aux premiers siècles de l'Hégire, les diverses écoles qui différaient par l'usage plus ou moins grand qu'elles faisaient du raisonnement analogique. Avec autant de raisons on aurait pu mettre au nombre des *ouçoul*, le *raï* (رأى), qui n'est autre que le bon sens appliqué aux cas qui se trouvent sans analogues dans le Coran et dans la Tradition.

III

Développement de la doctrine et de la loi ; la codification ; les rites ou écoles

Il ne peut entrer dans notre plan de tracer, même de la façon la plus brève, le tableau de l'élaboration du dogme musulman tel que nous le connaissons aujourd'hui. Les premiers siécles de l'Hégire avaient vu, sous l'œil bienveillant des plus anciens souverains 'abbâsides, s'élever une école redoutable, celle des mo'tazilites. On les a appelé les libres penseurs de l'Islâm : c'étaient plutôt tout simplement des théologiens libéraux. Ils surent se dégager de la servitude de la lettre dans l'interprétation des textes et, empruntant aux Grecs leur dialectique et leur métaphysique, ils battirent promptement en brèche la vieille orthodoxie musulmane. Les discussions roulaient principalement sur des questions comme celle du libre arbitre, ou encore celle de savoir si le Coran a été créé ou s'il est la parole de Dieu, éternelle comme lui. A côté des mo'tazilites s'élevèrent cent autres sectes : des matérialistes, des panthéistes, surtout en Perse, enseignaient les théories les plus dangereuses pour la société, comme la communauté des femmes et des biens. Une réaction de l'orthodoxie était inévitable : elle eut lieu sous le règne d'El Moutawakkil (847-861 H), qui sévit impitoyablement contre les mo'tazilites. Un fanatisme étroit remplaça le libéralisme des premiers 'Abbâsides et l'on vit apparaître les excès habituels de l'intolérance religieuse. En même temps un homme se leva qui vint donner aux doctrines orthodoxes leur forme définitive, les coordonner en un tout homogène et, empruntant aux mo'tazilites les procédés que ceux-ci tenaient de la philosophie grecque, faire de l'Islamisme un système embrassant à la fois la théodicée, l'ontologie, la morale... Nous voulons parler du célèbre Aboû l-H'asan 'Alî ben Ismà'îl el-Ach'arî († 324 H ; 935 J. C.). Ce fut un transfuge : après avoir longtemps professé les doctrines mo'tazilites, il se jeta dans le camp des orthodoxes et y apporta pour les défendre la même fougue et la même force de dialectique qu'il avait jadis mis à les combattre.

Les orthodoxes, jusque-là, s'étaient surtout attachés à l'étude et à l'observation de la loi religieuse. Le droit canonique, le *fiqh* (فقه) avait été leur étude de prédilection. Ils s'étaient du reste divisés en nombreuses écoles qui différaient entre elles par le plus ou moins de rigueur avec laquelle elles interprétaient le Coran et la tradition, en particulier par l'usage plus ou moins grand qu'elle faisaient du raisonnement par analogie du *qiyâs*, dont nous avons déjà parlé. Il y eut jusqu'à 18 de ces écoles, qui se réduisirent finalement à quelques-unes, dont quatre seulement ont subsisté. On les appelle aujourd'hui des « rites » ; les Arabes les nomment *madzhab* (مذهب). Les quatre rites qui subsistent aujourd'hui sont :

1° Le rite h'anafite, qui reconnaît pour fondateur Aboû H'anîfa en-No'màn ben Tsâbit, né à Koufa, en 80 H.-699 J. C., suivant les uns, en 61 H.-680 J. C., suivant les autres, mort à Médine en 150 H.-767 J. C., ou un an plus tard. C'est le fondateur du rite le plus ancien. On l'appelle « le grand imâm », *el imâm el a'z'am* (الامام الاعظم). Son principal disciple, grâce à l'influence duquel le rite h'anafi se propagea rapidement, fut Aboû Yoûsof Ya'qoûb bên Ibrâhîm ben H'abîb el-Koûfî l-'Ançârî († 182 H ; 795 J. C.) Il fut grand cadi à Baghdâd, sous le règne du célèbre Haroûn er-Rachid.

Après avoir prévalu dans tout l'Islâm, le rite h'anafite n'est plus prépondérant aujourd'hui qu'en Turquie, aux Indes et en Chine. Il compte également des adhérents dans le Turkestan, l'Egypte, les Indes hollandaises. Il fut jadis seul suivi dans l'Afrique du Nord, et, d'après l'historien Ibn-el-Atsîr, c'est le sultan zîride El Mo'ezz, qui, en 406 H.-1016 J. C., porta le peuple de l'Ifrìqiya à délaisser complètement le rite d'Aboû H'anîfa pour celui de Mâlik. Toutefois, il y avait déjà plus d'un siècle que le mâlikisme était introduit dans le Maghrib.

Plus tard, les Turcs ramenèrent de nouveau avec eux le rite h'anafite dans l'Afrique du Nord, mais les indigènes restèrent mâlikites. De nos jours, un certain nombre de descendants de Turcs continuent à suivre ce rite : il faut y ajouter un certain nombre d'indigènes qui, profitant des solutions diverses apportées par les rites mâlikite ou h'anafite à quelques questions juridiques, embrassent ce dernier lorsqu'ils le croient plus profitable à leurs intérêts.

L'école h'anafite est la plus libérale des quatre ; si elle n'a pas prévalu définitivement partout, cela est probablement dû à cette sorte de recul qu'a produit dans tout l'Islâm le triomphe d'une orthodoxie étroite. C'est l'école qui se sert le plus du raisonnement par analogie.

2° L'école de Mâlik, au contraire, a proscrit le plus possible l'analogie ; elle s'en tient généralement, dans son interprétation, au sens le plus littéral, même lorsque cela est contre le sens commun. Son fondateur fut, en effet, l'ennemi acharné du *qiyâs* et du *raï*, comme éléments de décisions juridiques. C'est le célèbre Aboû 'Abdallâh Mâlik ben Anas, né en 97 H.-715 J. C., à Médine et mort en 179 H.-795 J. C. C'était un ennemi acharné des 'Abbâsides, et il déclarait tout haut à Médine que seul Hichâm Ier, le khalife omaïade d'Espagne, était digne du khalifat. Aussi sa doctrine, fanatique et faite pour contenter l'esprit étroit des Espagnols, se répandit-elle rapidement en Espagne. Elle fut portée dans l'Afrique du Nord par le célèbre cadi Sah'noûn Aboû Sa'îd ben 'Abdesselâm et-Tanoûkhî, né en 160 H.-776 J. C., mort en 240 H.-854 J. C., qui fut le rédacteur définitif de la *Moudawwana*, traité de droit malékite. Cette Moudawwana était originairement le recueil des réponses faites sur un certain nombre de questions juridiques par l'élève le plus distingué de Mâlik, Aboû 'Abdallâh 'Abderrah'mân ben el-Qâsim, à un nommé Asad ben es Fourât, qui avait rapporté ce recueil dans le Maghrib, où il fut définitivement rédigé par le cadi Sah'noûn. D'autres jurisconsultes composèrent des compendium, de droit mâlikite, qui ont joui dans le Maghrib d'une renommée plus ou moins grande et au nombre desquels il faut citer :

a) La *Risâla* de 'Obéidallâh ben 'Abderrah'mân ben Abî Zaïd el Qaïrouânî, né en 316 H.-928 J. C. à Nefza, en Espagne, mort à Cairouan, en 386 H.-996 J. C., suivant les uns, et, suivant les autres, à Fez, quelques années plus tard.

b) Le *Mokhtaçar fi l-fourou'* d'Aboû 'Amr 'Otsmân ben 'Omar ben Abî Bekr, dit Ibn el-H'âdjib, mort en 646 H. - 1252 J. C.

c) Le *Mokhtaçar* de Khelîl ben Ish'aq ben Moûsâ Dhiyâ d-Dîn el Djondi, mort en 767 H - 1365 J.-C. (la date est incertaine) qui a détrôné le précédent quoiqu'il soit moins clair et moins exact. Khelîl a aussi composé un commentaire, intitulé *Tawdhih'* sur Ibn el-H'âdjib.

d) La *Toh'fat el-h'oukhâm*, d'Aboû Bekr Moh'ammed ben Moh'ammed, dit Ibn 'Acim, mort en 829 H - 1426 J. C., poème didactique sur le droit musulman, récemment traduit en français par Houdas et Martel.

Mais la grande autorité, en matière de loi religieuse, et toute loi est religieuse chez les musulmans, est Khelîl b'n Ish'aq, l'auteur du Mokhtaçar dont nous avons parlé. Concis jusqu'à l'obscurité, son ouvrage est destiné à être appris par cœur : il en a été composé des centaines de commentaires, peu originaux du reste et se copiant invariablement les uns les autres.

L'Afrique du Nord est restée le boulevard du mâlikisme ; et vraisemblablement il lui a été funeste, comme il l'a été à l'Espagne musulmane où il prit jadis un développement extraordinaire et où il suscita une école considérable de commentateurs. Il semble bien en effet qu'il ait préparé la ruine de la civilisation arabe en Espagne. « Le triomphe de la doctrine de Mâlik, dit René Basset, a coïncidé avec la déca- dence de la littérature et de toutes les œuvres de l'esprit : elle s'est surtout répandue dans le Maghrib et dans l'Espagne et elle a été une des causes principales, sinon la principale, de la décadence littéraire et scientifique de ces contrées. » Les mâlikites comptent encore des adhérents en Egypte et en Arabie, mais c'est le Maghrib qui fournit le plus fort de leur contingent.

3° L'école châfi'ite a pour fondateur Moh'ammed ben Idrîs ech-Chàfi'î, né en 150 H. - 757 J. C. à Gaza, mort au Caire en 204 H. - 820 J. C. C'était un élève de Mâlik. Il est beaucoup moins rigoriste que son maître sans cependant avoir le libéralisme d'Aboû H'anîfa. Les Châfi'ites sont surtout répandus en Egypte, dans l'Inde, aux Indes hollandaises, en Arabie, sur la côte orientale de l'Afrique et au Cap. Il n'y en a pas dans l'Afrique du Nord.

4° L'école h'anbalite ne compte presque plus d'adhérents. Son fondateur fut Aboû 'Abdallâh Ah'med ben Moh'ammed ben H'anbal, né en 164 H. - 780 J. C. à Baghdâd et mort en 241 H. - 855 J. C. Son enseignement est aussi étroit que celui de Mâlik. Il professait un anthropomorphisme assez grossier et ses sectateurs se montrèrent toujours d'un fanatisme violent sous les 'Abbâsides. Ah'med ben H'anbal fut un des pridcipaux instruments de la réaction féroce de l'orthodoxie contre la libre pensée musulmane dont nous avons parlé plus haut. Il n'y a guère de h'anbalites que dans l'Arabie.

Les fondateurs de *madzhab* sont les seuls à qui l'on reconnaisse le droit d'interpréter le Coran et la Tradition ; ils occupent ainsi le degré supérieur de ce qu'on appelle l'*idjtihâd* (اجتهاد), mot à mot « l'effort législatif », c'est-à-dire la faculté de créer une jurisprudence. Il est interdit de fonder une nouvelle école et les juristes ne peuvent plus que se mouvoir dans les cadres tracés par les quatre fondateurs de rites. Leur *idjtihâd* est donc restreint ; mais de plus, il y a parmi eux encore des catégories : les disciples plus ou moins directs des chefs d'écoles avaient le droit de faire jurisprudence sur les principes secondaires du droit ; ceux qui les ont suivis ne peuvent plus que se prononcer sur des questions spéciales. Quant aux jurisconsultes actuels, ils doivent d'abord s'en référer aux opinions des auteurs contenus dans les trois catégories que nous venons d'énumérer. Autant dire que l'autorité pèse sur eux d'un poids si lourd qu'elle empêche le droit de progresser et le réduit à l'étude des maîtres. Aussi la plupart des recueils modernes de décisions judiciaires, de *fatâoui* (فتاوى, pluriel de *fetoua* فتوى), ne marquent-ils aucun progrès réel de la science juridique.

C'est ainsi que nos jurisconsultes africains sont cristallisés dans le *Mokhtaçar* de Khelil ben Ishâq qui est devenu ici presque la seule autorité religieuse et qu'on appelle toujours *Sidi Khelil* par respect. On n'étudie même plus l'ouvrage du fondateur du rite, le *Mouwat't'a* de l'imâm Mâlik. A quoi bon, puisque Khelil a tout prévu et est en somme beaucoup plus complet que l'imâm ?

On voit par là combien est erronée l'opinion, cependant si répandue dans le public, que les cadis jugent d'après le Coran ; les juges musulmans n'ont à invoquer ni le Coran, ni la Tradition, que du reste ils connaissent peu, ni même les ouvrages du fondateur du rite. Si par hasard ils en citent des passages connus, et toujours les mêmes, ils ne peuvent les appliquer que comme l'a fait Khelil et en s'abritant derrière son opinion. Toute initiative, tout raisonnement leur est refusé et la jurisprudence est figée pour toujours.

IV

L'islamisation de l'Afrique Mineure ; les Khâredjites

« C'est une erreur de croire que les hardis et féroces conquérants qui dissipèrent les restes de la puissance byzantine dans la Tripolitaine et dans la Byzacène, puis étouffèrent dans leurs germes les petites monarchies indigènes de la Kâhina et de Kocéila, un H'asan ben No'mân, un Sîdî 'Oqba, aient converti les Africains à l'Islâm. Leurs petites armées, bien disciplinées, traversèrent l'Afrique comme des coups de foudre, mais sans autre résultat que d'y promener le pillage et l'épouvante. Sîdî 'Oqba, par exemple, fit couper un doigt au roi de Kaouar, qui ne lui avait même pas résisté et lui dit : « C'est pour te donner une leçon, chaque fois que tu jetteras les yeux sur ta main, tu ne seras pas tenté de faire la guerre aux Arabes. » Il traîna comme on sait Kocéila à sa suite, et l'humilia en le traitant comme un serviteur. Arrivé dans le Maghrib Extrême, il demanda s'il ne restait plus de peuples à soumettre. On lui indiqua les Berbères du Soûs : il ravagea le Soûs, et poussa son cheval jusque dans les flots de l'Océan. Mais tous les sillons qu'il avait ouverts s'étaient déjà refermés

derrière lui, quand il revint vers l'Est. On vendait les
Africains sur les marchés comme du bétail. H'asan
qui, suivant En-Nowéirî, « réorganisa l'administration
du pays », et fut surnommé le vieillard intègre,
ramena en Egypte trente-cinq mille captifs, et vida,
en présence d'El Oualîd, des sacs remplis de tant de
pierreries, de perles et d'or, que le Khalife en fut
ébloui............ Ce n'est pas avec de tels procédés
qu'on convertit un peuple. Tout au plus, peut-on
admettre que les Africains aient été forcés de répéter
du bout des lèvres les noms d'Allâh et de Moh'ammed ;
mais il est évident que toutes leurs tribus, brutale-
ment décimées, ne devaient avoir qu'un désir : se
ranger pour combattre en désespérées derrière les
premiers venus qui seraient capables d'organiser leur
résistance. » (Masqueray).

Ces premiers venus, ce furent les khâredjites
(خارجى pl. خوارج). Il convient d'expliquer en deux
mots leur origine : à la mort du troisième khalife
'Otsmân, une compétition surgit entre 'Alî, le gendre
du Prophète et Mo'âwia, parent de 'Otsmân, que la
Syrie reconnut pour khalife. La Perse et Médine se
rangèrent au contraire du côté de 'Aîî. Les deux partis
se rencontrèrent à la bataille de Ciffîn ; après une
semaine de lutte, un accord intervint : 'Ali et
Mo'âwia acceptèrent de s'en remettre à un arbitrage.
Mais alors plusieurs milliers de sectateurs de 'Alî se
retournèrent contre lui ; le Coran, disaient ces rigo-
ristes, n'admet pas d'arbitre dans un cas de ce
genre ; 'Alî, régulièrement élu, devait être le seul
Khalife, et puisqu'il n'y consentait pas, il était traître
à son tour. Quatre mille de ces sectaires, commandés

par 'Abdallah ben Ouahb, livrèrent à 'Alî la bataille
de Nehraouàn ; ils furent taillés en pièces. Un des
des survivants, nommé 'Abderrah'mân ben el-Mold-
jem, assassina 'Alî à la porte de la mosquée de
Médine.

A partir de cette époque ils furent connus sous le
nom de Ouahbites (nom qu'il faut se garder de confondre avec celui de la secte moderne des Ouahhâbites
du Nedjd). Egalement exécrés par la Perse, l'Arabie
et la Syrie, ils restaient aux yeux des autres croyants
et ils sont encore aujourd'hui, les assassins de Notre
Seigneur 'Alî. Ils furent martyrisés et aucune histoire n'est plus sombre et plus tragique que la leur :
mais ils demeuraient indomptables, puritains, égali-
taires, observateurs de la lettre du Coran, incapables
d'accepter un compromis. Ils se partageaient en deux
sectes : les plus fanatiques, les çofrites, du nom d'un
de leurs chefs, 'Abdallâh ben Çaffâr ont laissé en
Orient les plus sanglants souvenirs ; d'autres, plus
modérés ont été appelés Abàdhites de 'Abdallâh ben
Abâdh el-Morrî et Tamîmî. Or, dès le début du VIIIᵉ
siècle de notre ère, abàdhites et çofrites envoyaient
des missionnaires dans le Magh'rib et les Berbères, à
peine islamisés, adoptant ces nouvelles doctrines avec
enthousiasme, se retournaient contre leurs vainqueurs,
qu'ils excommuniaient, et combattaient les musulmans
au nom de Mahomet lui-même !

Les doctrines ouahbites du reste n'étaient pas sans
rapport avec le christianisme tel que l'avaient jadis
compris les indigènes au temps du célèbre schisme
qui ne cessa pas de déchirer l'Eglise d'Afrique, nous
voulons dire du donatisme. Les çofrites rappellent

plus ou moins les hordes farouches des Circoncellions.
« Les khâredjites continuèrent véritablement Optat de
Thamgad et ses pareils quand, poussés comme eux
par une fureur divine, ils reprirent contre Damas
la vieille lutte de l'Afrique contre Rome et Byzance...
C'est par eux seuls que les deux tiers de l'Afrique
furent islamisés et en même temps armés contre
l'orthodoxie musulmane. » (Masqueray). A la fin du
VIIIᵉ siècle, après des centaines de combats, ils
avaient lassé les khalifes : Hàroûn er-Rachid fait de
l'Ifrîqiya une province indépendante qu'il donne en
fief aux Aghlabites et le reste du Maghrib reste
abandonné à lui-même.

Soixante ans auparavant, les Abàdhites avaient
fondé le royaume de Tiaret. « 'Abderrah'màn y fut
roi, puis ses fils lui succédèrent, étranges souverains
d'une simplicité monastique, entourés d'évêques,
comme Charlemagne, et bientôt dominés par eux,
comme Charles le Chauve, tout puissants comme
Frédéric Barberousse lorsqu'ils menaient la croisade
contre les Imàms noirs, et presque abandonnés quand
la guerre était finie ; justiciers comme Saint-Louis,
savants en théologie et disputeurs comme les derniers
Césars de Byzance. Le jour où les députés des Ouahbites de l'Ouest vinrent à Tiaret apporter des présents
considérables à 'Abderrah'màn et le reconnaître pour
chef suprême de la religion réformée, ils le trouvè-
rent maçonnant lui-même sa maison, et s'il les fit
attendre, ce ne fut que pour laver ses mains tachées
de boue. 'Abdelouahhàb veillait la nuit avec sa sœur
pour se perfectionner dans la jurisprudence, faisait
copier en Orient quarante charges de livres, les lisait

et n'y trouvait « que deux choses » dont il n'eût pas connaissance. C'était un proverbe qu'il n'y avait pas chez eux de servante qui ne connût les signes du Zodiaque.... » (Masqueray).

A la fin du VIIe siècle de notre ère, la dynastie ônahbite des Rostemides de Tiaret était dans toute sa puissance. L'imâm avait un représentant dans le Djebel Nefousa, commandait dans la plus grande partie de la province d'Oran, dans l'Aurès, à Djerba, étendait son influence d'une part sur les çofrites de l'Occident extrême, d'autre part jusque dans l'Oman et à Zanzibar. Ce furent les schismes qui les perdirent : ils s'abîmèrent dans les disputes théologiques, se divisèrent, s'excommunièrent entre eux: Leur doctrine perdait du terrain : déjà le mâlikisme avait envahi l'Espagne et s'infiltrait au Maghrib ; mais ce n'est pas lui qui qui devait tuer le ouabhisme. C'étaient les 'Alides, les éternels ennemis des khâredjites qui allaient les abattre : 'Abdallah, le précurseur du mahdî 'Obeid Allâh soulevait les tribus berbères, presque inconnues jusqu'ici dans l'histoire, des Ketâma, et écrasait la dynastie de Tiaret. Ils perdirent leur capitale, s'enfuirent dans le Sud, ne trouvant d'abri qu'à Ouargla, encore n'y restèrent-ils pas même un demi-siècle, car vers le commencement du XIe siècle de notre ère, ils furent obligés de s'enfuir encore et ce nouvel exode les mena jusqu'à la chebka du Mzab, dans un pays pierreux, calciné, aride et dont, par des miracles de travail et d'industrie, ils ont fait la magnifique oasis du Mzab, composée à l'heure qu'il est, de sept véritables villes.

Il ne reste plus aujourd'hui beaucoup de khâredjites ; en dehors des 50.000 Mzâbites du Mzâb, dont un grand nombre sont répandus dans les villes algériennes où ils exercent différents commerces, il y en a deux îlots compacts à Djerba et dans le Djebel Nefoûsa ; de plus ils sont très nombreux dans l'Oman et l'imâm de Mascate est un imâm abâdhite ; enfin ils sont également nombreux à Zanzibar. Quant aux autres sectes kbâredjites elles ne comptent plus de nos jours aucun représentant. Résumons en quelques mots le credo abâdhite tel que les Mzâbites le professent actuellement.

Le Coran érant la parole incréée d'Allâh contient tout ; tout conflit doit être jugé d'après son texte. On doit l'interpréter à la lettre : toute innovation est hérétique. Allâh est unique, intangible, invisible : nul ne le verra, au sens humain du mot. Les peines et les récompenses sont éternelles, sans que l'intercession puisse les changer. Le goût du luxe est un péché des plus graves. Le célibat n'est pas permis. Le vin, l'alcool, le tabac, la musique, la danse, les jeux sont impies. La communauté doit élire un imâm ; les lettrés seuls, qui possèdent le Coran, peuvent prendre part à l'élection. L'imâm est souverain, il ne peut se dérober à ses fonctions, sous peine de mort. S'il innove, on doit l'abandonner comme 'Alî fut abandonné (voy. Appendice).

Dans la société mzâbite, les lettrés, c'est-à-dire les clercs, forment une véritable théocratie : il n'y a plus en effet d'imâm, car d'après la loi, quand la résistance aux infidèles n'est plus possible, sans compromettre la vie des femmes et des enfants, la communauté se forme à *l'état de secret*, sans imâmat. Chaque paroisse a son conseil de douze clercs ou *i'azzaben* (de *'azzaba* عزابة), sur la présidence d'un cheikh. Le cheikh approuve tous les actes du pouvoir civil repré- senté par la *djema'a* (جماعة) et veille à ce que celle-ci n'empiète pas sur le pouvoir spirituel du conseil pré- cité qui prend le nom de *h'alga* (حلقة). En réalité, quoique paraissant se tenir à l'écart de tout pouvoir laïque, les clercs ont tout simplement pris la succes- sion de l'imâm, dont ils ont, en somme, toute l'autorité. C'était d'ailleurs une conséquence forcée de la doctrine abâdhite suivant laquelle tout musulman qui n'admet pas un point quelconque du canon religieux est mis hors la loi : de là la nécessité pour le pouvoir civil de faire valider tous ses actes par le pouvoir reli- gieux afin de constater qu'ils sont conformes à la doc- trine.

La peine de mort n'existe pas, sauf contre l'imâm qui se dérobe à ses devoirs. Le châtiment le plus sévère est la *tebriya* (تبرية), c'est-à-dire l'excommuni- cation. L'excommunié perd ses droits civils, ne peut plus plus fréquenter personne : la peine équivaut à un bannissement. Elle n'est levée qu'après que le coupable a fait amende honorable devant les clercs, avec tout un cérémonial d'expiation.

Les femmes mzâbites ne peuvent quitter la confédé- ration : aussi n'en voit-on jamais dans les villes du Tell. A Beni-Isguen même, la coutume interdisait à toute femme de sortir de la ville.

L'occupation des sept villes du Mzâb par l'autorité française a naturellement fait perdre la force de loi à la plupart de ces prescriptions ; mais elles sont encore généralement observées. Toutefois les clercs ont été naturellement dépouillés de leurs privilèges et de la plus grande partie de leur autorité.

Tels sont ces curieux khâreljit-s algériens sur lesquels nous avons cru devoir donner quelques détails. Pour le surplus, nous ne pouvons que renvoyer le lecteur aux ouvrages de Masqueray que nous avons déjà cités plusieurs fois. Revenons maintenant à l'apparition en Algérie du mahdi 'Obeïd Allâh à laquelle nous avons fait allusion plus haut.

C'était la première fois que l'on introduisait dans le Maghrib la doctrine du mahdisme. Déjà les 'Alides avaient pénétré avec la dynastie idriside dans l'Afrique Mineure, mais jamais les doctrines messianiques du chî'isme n'avaient été répandues d'une façon aussi active. Leur fortune fut surprenante et l'on eut ce spectacle extraordinaire d'un peuple berbère jusque là inconnu se levant et fondant un empirè, l'empire fat'imite : à la doctrine puritaine, égalitaire, des khâredjites succédait la doctrine mystique, amoureuse du despotisme, des 'Alides. L'esprit berbère cependant ne pouvait s'accommoder de cette religion orientale et la fortune du chî'isme fut assez courte en Afrique : ce fut l'orthodoxie mâlikite qui la ruina définitivement et la dynastie de 'Obéid Allah, transportée au Caire, perdit toute influence sur l'Afrique. Mais la croyance au Mahdî n'avait pas disparu : tout le long de l'histoire nous la verrons apparaître ; elle va réussir encore à fonder un empire, celui des Almohades.

Les Almoravides, sortis des profondeurs du désert, avaient anéanti les derniers idolâtres, les derniers infidèles du Maghrib, mais il était réservé aux Almohades d'importer dans le Nord de l'Afrique la pure orthodoxie qu'El-Ach'arî, dont nous avons parlé (p. 22), venait de constituer en un système définitif dans les écoles orientales.

Ibn Toûmert, né dans les Maçmoûda, tribu montagnarde du cœur du Maroc, visita Baghdâd vers le commencement du XIe siècle de notre ère. Il écouta les leçons des maîtres ach'arites et combinant cette doctrine avec le dogme chî'ite de l'infaillibilité de l'imâm et les traditions relatives au mahdî, il entreprit la lutte contre les almoravides. L'Afrique était loin d'être islamisée : Ibn Toûmert se posa en réformateur des mœurs ; en doctrine, il opposait les théories ach'arites à l'anthropomorphisme dont étaient encore imprégnés les africains ; en politique, il représentait la revanche de l'élément berbère sédentaire contre l'élément saharien et nomade ; en se présentant comme le mahdî, il flattait le goût qu'ont toujours eu les indigènes du Maghrib pour l'anthropolâtrie, en même temps qu'il se tenait éloigné des exagérations mystiques du chî'isme, tout à fait opposées au caractère berbère. Il mourut au commencement de la lutte qu'il avait entreprise (515 H ; 1121 J. C.), mais son successeur eut le temps de soumettre à sa loi non seulement l'Afrique Mineure toute entière, mais encore l'Espagne.

Depuis un siècle les hordes de Hilâl et de Soléim, lancées par le ressentiment des fat'imites du fond de la Haute-Egypte contre le Maghrib, ravageaient celui-ci : mais si l'on a pu dire que la véritable arabisation de l'Afrique du nord fut leur œuvre, on ne peut dire qu'ils aient grandement contribué au progrès de l'islamisme dans ce pays : c'étaient d'ailleurs des bédouins, c'est-à-dire des gens foncièrement irréligieux, comme le sont encore de nos jours les bédouins de l'Arabie. Ils ont arabisé les Berbères, mais ils ne les ont pas islamisés.

Ce n'est qu'au XVIe siècle qu'a eu lieu l'islamisation définitive de l'Afrique Mineure : il y avait trois cents ans que les dynasties berbères fatiguaient le Maghrib de leurs dissensions. Les compétitions politiques avaient relégué au second plan les questions religieuses ; les nations infidèles de l'Europe avaient peu à peu pris pied sur le continent africain, les Espagnols sur la côte méditerranéenne, les Portugais sur la côte Atlantique. Ces derniers surtout avaient merveilleusement affermi leur domination ; leur influence pénétrait petit à petit dans l'intérieur du pays ; ils avaient en mains le commerce entier de l'extrême-ouest ; le sol de l'Islâm était entamé de tous les côtés.

Alors se levèrent les *chérifs :* descendants du Prophète, venus d'une ville de l'Arabie, de Yambo, la ville des descendants de 'Alî, se fixer dans les oasis du Tafilelt, ils entreprirent la lutte contre les Portugais. Ils leur enlevèrent d'abord le Soûs et dominèrent à Târoudant, puis les autres villes de la côte, et ils s'installèrent à Maroc ; Fez enfin tomba en leur pouvoir. En même temps, ils essaimaient de tous les côtés. La Sâguiat-el-H'amra était devenue en particulier une pépinière de chérifs, c'est-à-dire de descendants du Prophète. Ils s'élançaient de tous ces points dans l'Afrique Mineure, allant enseigner aux populations la pure religion musulmane. La littérature religieuse renaissait ; déjà toute une collection de romans, comme l'histoire de Temîm ed-Dâri, l'expédition de 'Alî contre le dragon, à caractère à la fois populaire et religieux, s'était répandue partout, importée peut-être par les Maures fugitifs d'Espagne.

En un mot, la ruine de l'Empire des arabes en
Espagne, l'expulsion des Maures, les progrès inquié-
tants des Espagnols et des Portugais en Afrique
avaient réveillé le fanatisme musulman ; une réaction
se produisait, et elle devait nettement se caractériser :
dans l'ordre politique par l'établissement à l'ouest d'un
pouvoir de nature essentiellement religieuse ; dans l'ordre social, par une mission musulmane très active, très
pénétrante ; dans l'ordre des productions de l'esprit,
par la renaissance des belles-lettres, et spécialement
par le développement de la curieuse littérature populaire et religieuse à laquelle nous avons fait allusion.

Le grand travail d'islamisation qui eut lieu alors
est perceptible même pour celui qui lit superficielle-
ment les histoires des musulmans ; à partir du XVIᵉ
siècle, tout change : les tribus n'ont plus les mêmes
noms, elles se donnent des patrons religieux ; les historiens se montrent beaucoup plus intolérants dans
leurs appréciations ; les saints, les marabouts, jouent
dans l'Etat et dans la vie populaire un rôle de plus
en plus grand. On croirait, quand on passe d'Ibn
Khaldoûn à El Oufrânî, qu'on lit l'histoire de deux
peuples différents.

Cependant cette islamisation dont nous parlons
s'est continuée jusqu'à nos jours ; le maraboutisme,
développant le vieux goût des Berbères pour le culte
de l'homme, n'a cessé d'étendre son influence. Certes,
il y a des populations que l'Islâm n'a pas encore
entièrement pénétrées ; la Grande Kabylie, qui a
adopté la loi musulmane en ce qui concerne les prescriptions d'ordre purement religieux, n'a pas accepté
le statut personnel musulman. Elle garde ses coutu-

mes, ses *kânoûn*, malgré leurs contradictions formelles
avec le droit coranique d'origine divine. Mais, répé-
tons-le, le maraboutisme ne cesse de gagner du terrain. Nous y avons contribué nous-même en arabisant
inconsidérément des pays comme l'Aurès d'où nous
avons à peu près fait disparaître les coutumes nationales et antéislamiques. A côté du maraboutisme, ou
plutôt au sein du maraboutisme, se sont élevées les
confréries mystiques religieuses qui ont aussi puis-
samment contribué à faire pénétrer le pur esprit islamique jusque sous les plus humbles gourbis et les
plus modestes tentes. Il est temps de dire quelques
mots de ces deux éléments de l'Islâm : maraboutisme
et associations mystiques.

V

Le culte des saints : marabouts, chérifs

C'est un fait bien commun que les peuples ne chan-
gent pas brusquement de religion ; lorsqu'un réformateur se lève, qui leur apporte un nouveau credo,
ils adaptent seulement de leur mieux leurs anciens
cultes à cette nouvelle croyance. Les sanctuaires en
particulier restent les mêmes, au point que l'on a pu
dire que, depuis le commencement du monde, l'humanité a toujours prié dans les mêmes lieux. En étudiant
les formes populaires d'une religion, on arrive toujours à y retrouver des survivances de cultes primi-

tifs : l'Islâm ne fait pas exception et on y relève à chaque instant des témoignages des vieux cultes des arbres, des pierres, des sources......

Un autre culte qui se retrouve dans toutes les religions et qui semble en particulier dominer toute la vie religieuse de l'Afrique Mineure, c'est le culte des saints. A la vérité, on s'explique facilement que le pur Islâm, qui n'admet guère ce culte, n'ait pas suffisamment contenté ses sectateurs. Allâh est trop loin du fidèle ; il en est séparé par un abîme et le musulman semble un jouet dans la main de son Dieu. Or, l'homme a la conscience profonde de l'affinité de sa nature avec celle la divinité, et la conception musulmane du dieu ne donne pas, sous ce rapport, satisfaction aux aspirations du croyant. Cela suffirait à expliquer le culte des saints : mais il y a plus. Ce culte au Maghrib a le caractère d'une véritable adoration de l'homme, d'une anthropolâtrie ; et cette anthropolâtrie y est pratiquée depuis une haute antiquité, car nous en retrouvons des témoignages dans des auteura classiques comme Pomponius Méla et Procope.

Les saints du Maghrib s'appellent des « marabouts »; nous expliquerons dans un instant l'étymologie de ce mot. Le culte des saints est si bien ancré ici que nous avons cru pouvoir employer pour le désigner l'expression « maraboutisme ». Ce maraboutisme fleurit dans toute l'étendue du Maghrib, et par ce dernier mot il faut entendre, lorsque l'on s'occupe d'études musulmanes, non seulement le Maroc, l'Algérie, la Tunisie, la Tripolitaine, mais encore le désert lybique entier et une partie de l'Egypte : en matière religieuse, le Maghrib s'étend jusqu'à Alexandrie et jusqu'au Caire. Hartmam a fort bien insisté là-dessus. Le maraboutisme donc avec ses allures spéciales, caractérise cet immense territoire : il se retrouve aussi bien chez les nomades que chez les sédentaires. Toutefois il est compréhensible qu'il prend moins d'extension chez les premiers : un tombeau de marabout ne se déplace pas comme un campement et un sanctuaire ne peut se changer à dos de chameau. Il existe du reste aussi bien chez les orthodoxes que chez les hérétiques, et nous pensons en ce moment aux sectaires abâdhites, à ces khâredjites dont nous avons déjà parlé. Toutefois il semble être d'autant plus florissant que l'on s'avance plus à l'ouest, et le Maroc est véritablement la patrie des marabouts, à telle enseigne que la légende les fait presque tous venir de ce pays.

Nous avons dit que les marabouts, vivants ou morts, étaient l'objet d'une véritable adoration. Ceux qui ont vu circuler un marabout parmi ses fidèles ne nous contrediront pas. « Quiconque, avons-nous écrit ailleurs, n'a pas vu au Maghrib un grand marabout parcourant les tribus où il est connu, ne peut se figurer jusqu'à quel point est exact le mot d'antrhopolâtrie que nous avons déjà employé plusieurs fois. C'est un spectacle cependant qui n'est pas rare et qui se renouvelle souvent, même dans les rues d'Alger, lorsqu'un marabout influent vient pour quelque temps au chef-lieu. On se précipite sur le passage de ce saint homme pour baiser le pan de son burnous ; pour baiser son étrier s'il est à cheval ; pour baiser même la trace de ses pas s'il est à pied ; il a peine à fendre la foule de ses adorateurs. Arrive-t-il près de l'hôtel où il doit séjourner, vingt bras l'enlèvent et le montent au pre-

mier ou au deuxième étage. On le supplie de prendre
un peu, une bouchée seulement, de la nourriture qu'on
a préparée pour lui et, s'il refuse, on lui demande,
comme faveur, de vouloir bien cracher dans les mets
que l'on se dispute ensuite pour les manger » (*Rev.
hist.*, XL, 359). — On peut dire hardiment que la
foule vénère un grand marabout à l'égal du Prophète,
si ce n'est plus. Toutefois ce prestige reste avant tout
territorial : il n'est point universel. Le marabout est
vénéré dans sa région où il est tout puissant ; mais,
bien qu'il continue à recevoir partout des marques de
respect, son pouvoir s'arrête devant celui d'un autre
marabout En un mot les marabouts ont surtout un
caractère plus ou moins local.

Le mot marabout, vient de l'arabe *merâbet'*
(مرابط). On nommait jadis, ainsi celui qui servait
dans un *ribât'* : et les ribât' étaient des sortes de
forts, établis principalement sur les limites de l'empire musulman, où ils servaient de bases d'opérations
pour la guerre sainte contre les Infidèles, le *djihâd*.
Dans le ribât', la guerre alternait avec les exercices
de piété. Plus tard, la période héroïque passée, le
ribât' ne fut plus qu'un couvent, une zâouia, et le
merâbet', le marabout, un apôtre religieux. A la fin
du XVᵉ siècle, un grand nombre de ribât' s'étaient
fondés au Maroc pour combattre la domination
portugaise, qui fut la plus sérieuse tentative de pénétration européenne contre laquelle les Maghribins
eurent jamais à lutter. Les « mrâbt'în » qui com-
battirent ainsi, firent ensuite place à des missionnaires
religieux qui, au XVIᵉ et au XVIIᵉ siècle, partirent
du fond du Maroc et particulièrement, d'après la

légende, de la Sâguiat-el-H'amrâ, pour catéchiser les
populations de l'Afrique Mineure ; ce fut la grande
islamisation de ce pays et la seule qui ait effective-
ment fait pénétrer le dogme musulman jusque dans
la dernière des bourgades kabyles. Nous en avons
déjà parlé.

Depuis, le mot marabout a vu son sens s'élargir
encore davantage : il en est venu non seulement à
servir pour désigner tous les saints, mais encore tout
ce qui est sacré, en sorte que des animaux, des arbres,
des pierres, sont dits « marabouts ». C'est à cet
égard, le terme le plus général qui existe et le seul dont
se serve le peuple. Donnons, à ce propos, l'explication
de quelques expressions courantes dans la terminologie du maraboutisme. Un *bahloûl* (بهلول) est un
simple d'esprit, partout regardé comme un favorisé
de Dieu, de même que le fou ou l'épileptique. Le
bahloûl est naturellement prédisposé à être *medjdzoûb*
(مجذوب), c'est-à-dire « ravi en extase » par Dieu,
illuminé. Le saint qui est continuellement *medjdzoûb*,
ravi, est devenu un *ouali* (ولي), c'est-à-dire un ami,
un familier de Dieu. Les saints sont généralement
désignés par le titre de *Sidi* (سيدي), « monseigneur »,
qui s'abrège en *Si*, pour désigner surtout un lettré,
un jurisconsulte, un *faqih* (فقيه). Au Maroc, le
sultan et tous les saints reçoivent le titre de *Moûlaye*
(مولاي), c'est à-dire « mon maître ». Enfin, les femmes
maraboutes sont désignées, comme en Orient, sous le
nom de *Setti* (ستي), « madame » ; mais leur titre le
plus populaire est celui de *Lâlla* (لالة), mot berbère, qui
signifie « maîtresse ».

On devient marabout par le suffrage populaire, la

vox populi. Un homme qui a passé sa vie à faire du bien arrive à être considéré comme un marabout, surtout après sa mort. Mais une voie plus fréquentée est celle des bahloûl, des medjdzoûb, idiots, fous plus ou moins sincères, à qui l'on permet tout et qui passent pour favorisés de la grâce divine. Il n'est guère de tribu, de village, qui ne possède un échantillon de ce genre de marabouts auquel on tolère les extravagances les plus fortes. On en a vu qui se permettaient de braver des sultans et que ceux-ci n'osaient faire mettre à mort, de peur d'encourir la colère populaire ; on en a vu, à Tanger même, aller jusqu'à insulter des ambassadeurs européens. Cependant, il convient d'ajouter que quelques exécutions retentissantes les ont calmés.

Devient encore marabout, celui qui s'isole volontairement dans une retraite naturelle, comme une grotte, et s'adonne ostensiblement à des pratiques ascétiques rigoureuses. C'est même la meilleure manière d'acquérir une grande réputation. Au bout de quelque temps, les habitants du village, près duquel s'est retiré l'ascète, le nourrissent, le protègent, puis ils lui donnent une femme, un terrain, une maison et, plus tard, c'est lui à son tour qui exige l'obéissance et des tributs périodiques plus ou moins lourds. Telle est l'histoire de la plupart des marabouts ; une fois acquise, du reste, la qualité de marabout ne se perd guère, elle reste héréditaire.

Le chérif est aussi marabout. On appelle chérif quiconque descend de Mahomet, par sa fille Fâtmat-ez-Zohra (فاطمة الزهراء). Les chérifs sont naturellement innombrables, surtout au Maroc : la plupart des

marabouts partis jadis de ce pays pour évangéliser
l'Afrique du Nord, se prétendaient chérifs. Les tribus
où ils se sont fixés se donnent comme leur postérité
et prennent le titre d'*Oulâd Sîdi****, par exemple, Oulâd
Sîdî Ah'med el Kebîr, près de Blida. Dans ce cas,
tous les membres de la tribu sont considérés comme
chorfa (pluriel de chérif). Il y a ainsi, en Algérie,
des quantités de tribus de chorfa, qui se regardent
comme nobles. Dans certaines régions, en Kabylie,
par exemple, les chorfa ne sont pas mélangés au reste
de la population et forment des groupes aristocra-
tiques spéciaux, des sortes de castes, dont les membres se marient presque exclusivement entre eux et
jouissent de nombreux privilèges au milieu des autres
groupes kabyles.

La manie du chérifat sévit du reste avec fureur
dans toute l'Afrique du Nord et il n'y a pas de petit
« t'âleb » (étudiant) qui ne se prétende chérif ; les
MM. Jourdain sont ici légion. La plupart des dynasties berbères qui ont régné sur le Maghrib ont toujours eu soin de se faire fabriquer par de savants
généalogistes des arbres de descendance prouvant,
clair comme le jour leur noble origine.

Il n'y a pas de signe extérieur distinctif des marabouts : depuis l'ascète pouilleux et sordide jusqu'au
marabout vêtu comme un sultan ; depuis le bahloûl à
moitié nu, avec ses longs cheveux pendants et sa
barbe inculte jusqu'au marabout civilisé qui fréquente
nos salons et absorbe des apéritifs plus ou moins
orthodoxes à la terrasse de nos boulevards ; depuis le
marabout dont les mœurs restent toujours simples
et austères, comme fut El H'adjdj 'Abdelqâder jusqu'à

celui qui, comme El H'âdjdj 'Abdesselâm d'Ouezzân s'adonne ostensiblement à tous les plaisirs, même les pires, il y a toutes les variétés possibles. En général cependant, si le candidat marabout se recommande par son ascétisme, le marabout définitivement parvenu et riche ne donne guère l'exemple de toutes les vertus : au Maroc, en particulier, presque tous fument de l'opium et boivent de l'eau-de-vie immodérément. Le chapitre de la continence également pourrait souvent donner lieu à des remarques fâcheuses pour la moralité des saints vivants : et nous ne parlons plus ici des fous, des bahloûl, à qui tout est permis et qu'on a vu accoler des femmes en public sans que personne y trouvât à redire, mais bien des marabouts sérieux, ayant une grosse clientèle de khoddam (serviteurs religieux) et une grande réputation de savoir et de sainteté. En général du reste, le marabout approche les femmes sans que l'on prenne à son égard toutes les précautions que la jalousie inspire à l'égard des autres hommes.

Les femmes, comme les hommes, peuvent devenir maraboutes et le Maghrib est rempli de tombes de saintes : Lâlla 'Aïchat el-Mannoubiyya, près de Tunis ; la célèbre Lâlla Fât'ma qui organisa en 1857 la résistance contre nos troupes ; Lâlla Setti, sur la montagne qui domine Tlemcen ; Lâlla Tasadît, dont le tombeau était près de l'ancienne porte Bab-Azzoûn ; Lâlla Tamesguida, enterrée au sommet de ce Bou-Zegza, pont on aperçoit les pentes onduleuses au fond de la baie d'Alger, etc.... Les saintes femmes ont toujours été vénérées dans la religion musulmane. L'Islâm des premiers siècles a connu les vœux de virginité et les

couvents de nonnes ; mais le culte des maraboutes
paraît être quelque chose de très vieux dans l'Afrique
Mineure, car des auteurs anciens parlent avec insis-
tance du respect des Maures pour leurs prophètesses.
De nos jours, il y a encore des maraboutes : beaucoup
ont eu un passé orageux. Quoiqu'il en soit d'ailleurs,
elles se montrent plus familières avec les hommes que
les autres musulmanes. Quelques-unes d'entre elles se
revêtent d'habits masculins et parcourent ainsi les
tribus.

Le culte rendu aux marabouts se manifeste par des
pèlerinages dont quelques-uns réunissent des foules
véritablement énormes. Dans l'esprit de nombre de
gens, un pèlerinage au tombeau d'un célèbre saint
remplace très bien, pour celui qui n'a pas les moyens
de se rendre à La Mecque, le pèlerinage à la Ka'aba
et au tombeau du Prophète. Chaque marabout a sa
fête annuelle, à laquelle on se rend en foule et où
sont organisés des *oua'da* (وعدة) ou *t'a'âm* (طعام) c'est-
à-dire des banquets religieux en l'honneur du saint.
Des sacrifices, accomplis suivant certains rites, accompagnent toujours aussi les visites aux marabouts. En
dehors de ces grands pèlerinages, on se rend indivi-
duellement en *ziâra* (زيارة, c'est le mot « pèlerinage »)
au tombeau du saint pour demander une grâce quelconque. Naturellement on ne se présente pas les mains
vides : outre la victime, poule, bouc, mouton, bœuf,
suivant l'état de fortune du pèlerin, qui sera sacri-
fiée, il y a le cadeau à faire aux descendants du
marabout ou au *moqaddem* ou *oukil* (وكيل, مقدم, gardien)
du tombeau. Cette offrande prend également le nom
de *ziâra* ; les pauvres apportent une bougie et quel-

ques sous ; les plus riches de l'orge, du blé, du beurre, des dattes et une somme d'argent plus ou moins considérable. La victime du sacrifice est aussi quelquefois laissée au marabout ou partagée avec lui, mais le plus souvent elle est mangée par le sacrifiant auprès du tombeau du saint.

Dans les calamités publiques, dans les sinistres, dans les sécheresses persistantes, on organise des pèlerinages monstres pour obtenir du marabout qu'il fasse tomber de la pluie. C'est ce que l'on appelle l'*Istisqâ* (الاستسقاء). Le marabout en effet, par sa *baraka* bénit la terre et la rend féconde. La *baraka* est la parcelle de grâce divine que le marabout détient et transmet à ses descendants. C'est pour participer à cette *baraka* que l'on touche son burnous, les objets dont il a fait usage, que l'on va jusqu'à boire l'eau qui a servi à ses ablutions. Lorsque le chérif d'Ouazzân est en tournée, on lui apporte les enfants et le marabout leur crache dans la bouche en disant : *Teqrâ, in châ llâh* (تـفـرا ان شاءالله) c'est-à-dire : « Tu deviendras savant, s'il plaît à Dieu. » C'est la *baraka* qui se transmet par la salive. Rohlfs qui se faisait passer, dans son voyage au Touât, pour un chérif, guérissait les malades en les mouillant avec sa salive.

Car les marabouts sont naturellement détenteurs de la *karamâ* (كرامة) faveur divine qui leur confère le don des miracles, le *taçarrouf* (تصروف), c'est-à-dire la faculté de commander aux forces naturelles : ils se transportent en un clin d'œil d'un endroit à l'autre, ils soulèvent les montagnes, ils annéantissent leurs ennemis, ils volent dans les airs, ils accomplissent chaque jour, en un mot, si l'on en croit les fidèles, les miracles les plus propres à frapper les esprits. On vous racontera sérieusement que le marabout d'El H'amel, il y a quelques années, a soudain arrêté le train de chemin de fer dans lequel il se trouvait, pour faire sa prière, et que les efforts du mécanicien n'ont pu faire avancer la machine tant que le saint n'eut pas terminé.

Les ziâras ou offrandes religieuses faites au cours des pèlerinages et dont nous avons déjà parlé sont naturellement la principale source de revenus des marabouts. En outre de cela, un grand nombre d'entre eux perçoivent des tributs décorés du nom de çadaqa, (صدقة), hediyya (هدية) ou ghefâra (غفارة). L'administration française a interdit non seulement ces perceptions, mais encore toutes espèces de « ziâras ». Car sous ce dernier vocable on a fini par comprendre non seulement les sommes offertes par les pèlerins aux marabouts, mais encore les offrandes que ceux-ci, au cours de tournées périodiques, vont quémander chez leurs serviteurs religieux, sous pré·texte de bénir la terre et de faire participer tous leurs fidèles à leur bienheureuse baraka. Quelques-uns se livrent en outre à de véritables exhibitions : ainsi les marabouts de la zâouia de Sidi M'hammed ben 'Aouda (Zemmora) promènent dans toute l'Algérie des lions aveugles et réputés marabouts eux-mêmes.

Au Maroc, où la sécurité dans l'intérieur est plus que problématique, les marabouts se font un revenu de la zet'â'ta (زطاطة) : la zet'ât'a consiste à escorter les voyageurs moyennant finances pour les mettre à l'abri d'un coup de main, par le seul prestige de l'escorte maraboutique. On remet le voyageur ainsi

4

protégé entre les mains d'un autre *zet't'ât'*, généralement un marabout aussi, et les commerçants arrivent
de cette façon à traverser, moyennant un lourd tribut,
mais sans danger pour leur personne, des contrées
fort peu sûres. Souvent encore le marabout se fait
bechchâr (بشار), c'est-à-dire qu'il s'entremet entre les
voleurs de bestiaux et le volé, pour permettre à ce
dernier de rentrer en possession de son bien, moyennant une somme déterminée que le bechchâr partage
ensuite avec le voleur. En Algérie, le métier de
zet't'ât', si utile au Maroc, n'a pas de raison d'être,
mais par contre l'institution de la *bechâra* y est flo-
rissante et les marabouts s'en mêlent fort souvent,
quand ils ne recèlent pas eux-mêmes les bestiaux
volés. Ce sont évidemment là des abus blâmables :
mais il convient pourtant de faire remarquer que
lorsque la justice est impuissante, fait malheureusement trop fréquent, à atteindre les auteurs d'un vol,
le volé est encore fort heureux de recourir au
bechchâr.

Les marabouts d'ailleurs ont d'autres titres à la
reconnaissance des populations ; s'il y en a eu qui
protégeaient ouvertement le brigandage, il y en a
aussi comme Moûlaye Boû Ziyâne, dans l'Extrême-
Sud orano-marocain, qui sont célèbres pour avoir
passé leur vie à le réprimer. D'autres, dans le
Sahara également, sont connus pour avoir creusé des
puits ou réparé des sources. Mais il faut surtout
remarquer que dans les sociétés indigènes, ils ont été
longtemps le seul contrepoids opposé à la force bru-
tale et aux instincts belliqueux. Eux seuls pouvaient
s'interposer dans ces interminables guerres de tribu

à tribu qui ont ensanglanté, pendant des siècles, l'Afrique du Nord. Eux seuls, pendant longtemps, ont représenté le droit contre la force, l'instruction contre l'ignorance. Sans les marabouts, dont l'arbitrage mettait fin à tous les conflits, aucune société n'eût été possible au Maghrib, et les indigènes se débattraient encore dans l'anarchie. Seuls encore, dans la généralité des tribus marocaines, ils représentent la justice et c'est devant leur sanctuaire que les différends viennent se terminer par le serment. A la colonisation algérienne même, ils ont rendu des services et l'on ne serait pas embarrassé pour trouver maint exemple de conflits, entre colons français et indigènes, qui n'ont été apaisés que par l'intervention d'un marabout à l'arbitrage duquel les deux partis voulaient bien s'en remettre.

Les Turcs, en Algérie, ont toujours eu pour politique de ménager les marabouts, de leur témoigner de la déférence, de les gagner par des présents, par des exemptions d'impôts. Toute l'histoire en témoigne, et ç'a été sûrement une des raisons de leurs succès. C'est une leçon pour nous : non pas que nous devions les imiter entièrement et espérer gouverner par les marabouts. Nous avons mieux que cela à faire et ce qui était bon pour le gouvernement de pillards qu'on décora du nom de Régence d'Alger, ne l'est pas forcément pour nous. Mais enfin, le maraboutisme représente une force que nous devons caanliser au mieux de nos intérêts.

C'est parmi les marabouts que se sont toujours recrutés aussi les agitateurs qui ont prolongé si longtemps contre nous la résistance nationale algérienne. Ils ont exploité, à cet effet, la vieille croyance messianique, la croyance au *Moûl es-Sâ'a*, au *Çâheb el-Oueqt* (صاحب الوقت, مولى الساعة), au « Maître de l'Heure ». Le Maître de l'Heure, dans l'Afrique du Nord, c'est le *Mahdî* du dogme musulman. Et le Mahdî, c'est celui qui doit apparaître à la fin des temps et clore le drame du monde. On sait, en effet, nous l'avons dit plus haut, que d'après l'eschatologie musulmane, empruntée par Mahomet au christianisme, au judaïsme et à la religion de Zoroastre, la fin des temps sera marquée par une foule de calamités, l'apparition de la Bête apocalyptique, l'invasion de Gog et Magog, la venue de l'Antechrist ; puis Jésus descendra sur la terre pour exterminer tout cela. Mais ce n'est pas à lui qu'appartiendra le mot de la fin : on verra alors, suivant des traditions attribuées au Prophète, apparaître l'*imâm el-Mahdî* (الامام المهدى), le Bien-Dirigé, derrière qui Jésus priera, reconnaissant ainsi sa supériorité, comme à la mosquée le fidèle prie derrière l'imâm. C'est alors que retentira la trompette et que ce monde prendra fin. Le mahdî s'appellera comme le Prophète et son père s'appellera comme le père du Prophète.

On devine de suite combien d'individus, dans l'histoire, ont dû se faire passer pour le mahdî : la liste en serait interminable, depuis Moh'ammed ben 'Alî, au premier siècle de l'Hégire, jusqu'au célèbre mahdî, qui tint récemment tête aux Anglais dans la Haute-Egypte. L'Afrique du Nord, en particulier, a compté d'innombrables mahdî. Sans parler du célèbre 'Obéid Allâh qui fonda l'empire fat'imite et donna son nom à la ville tunisienne de Mahdiya, ni du fameux Ibn Toûmert, le fondateur de la dynastie almohade, on ferait uue interminable liste en énumérant la longue série des fauteurs d'insurrection qui ont pris en Algérie le masque du mahdî pour nous combattre. Tous, naturellement, s'appelaient Moh'ammed ben 'Abdallah; tous étaient marabouts et chérifs ; tous allaient jeter les chrétiens à la mer et inaugurer un âge de justice et de prospérité avant la fin des temps; tous se disaient invulnérables à nos balles ; tous tombaient cependant, mais la confiance des indigènes n'était pas ébranlée ; on vit quatre ou cinq mahdî à la fois en Algérie ; dans certaines régions, comme celle de Philippeville et de Collo, il n'en parut pas successivement moins d'une dizaine, sans que les montagnards têtus de cette région difficile se lassassent de leur continuelles désillusions. Aujourd'hui encore, la croyance au Maître de l'Heure reste vivace et si un agitateur devait se lever contre nous, il y a gros à parier qu'il reprendrait une fois de plus le rôle de *Moûl es-Sâ'a.*

VI

Le Mysticisme et les Associations mystiques

Dans sa belle *Introduction à la science de la Religion* dont M. A. Réville vient de donner une magistrale analyse (*Rev. Hist. Rel.*, XXᵉ ann., t. XL, nº 33, nov.-déc.), le professeur Tiele, de Leyde, explique lumineusement comment tous les phénomènes

de la vie religieuse se rattachent aux trois éléments
psychologiques : l'élément émotif, aspiration vers le
divin, l'infini, enthousiasme pour les belles causes,
faim et soif de la justice, conscience de l'affinité de la
nature de l'homme avec celle de Dieu ; l'élément intellectuel, notion que l'homme se fait de son Dieu, théologie dogmatique ; et l'élément volitif, disposition de
la volonté consécutive aux états d'âme qui se rapportent aux deux premiers éléments, obéissance, soumission résignée, consécration de soi-même, adoration.
Mais dans les religions, l'équilibre parfait entre ces
trois éléments est rarement jamais atteint. Si l'élément
intellectuel devient prépondérant, la foi se confond
avec la doctrine, la religion n'est plus qu'un dessé-
chant système philosophique ; si l'élément volitif
domine, le croyant se perd dans un formalisme minutieux, l'intolérance survient et à sa suite les inquisi-
tions ; si l'élément émotif prévaut définitivement, les
voluptés égoïstes et les étranges aberrations du mysticisme sont l'écueil à redouter.

L'Islâm, à son origine, n'eut pas à craindre ce
dernier danger ; cette religion manquait d'amour,
elle se caractérisait par une disposition particulière
de la volonté qui est encore son trait dominant : c'est la
résignation, l'abandon volontaire par le fidèle de sa
personne entre les mains de Dieu, l'*islâm* (إسلام), en
un mot, qui a donné son nom au mahométisme
(مسلم, mouslim, d'où « musulman »). Cet abandon n'est
pas l'absorption en Dieu, mais bien la soumission parfaite à sa volonté immuable : car Dieu, pour le musulman, est avant tout une volonté. Un formalisme exces-
sif, d'innombrables et minutieuses prescriptions, voilà

encore ce qui achève de caractériser la religion musulmane : le raisonnement y trouve relativement peu de place, le sentiment encore moins.

Il était inévitable que, dans un monde comprenant des races aussi diverses que le sont celles qui adoptèrent le Coran pour livre saint et qui firent leur *credo* de la *chehâda* musulmane, il se produisît quelque part une réaction. La région froide, austère, rigide des Sémites ne pouvait, par exemple, complaire à l'imagination ardente des esprits persans ; elle ne pouvait davantage convenir aux Hindous, abîmés dans le panthéisme depuis des siècles.

Déjà on avait vu, au IIe siècle de l'Hégire, sous l'influence de l'étude des philosophes grecs, la spéculation prendre dans la théologie musulmane une place prépondérante : *mo'tazilites, djabarites, cifatites, ach'arites,* et cent autres sectes avaient déchiré de leurs discussions stériles l'Eglise de Mahomet. Après toutes les grandes époques de spéculation philosophique, il y a presque toujours une réaction mystique. L'Ecclésiaste s'écriait jadis : « Où il y a abondance de science, il y a abondance de chagrin, et celui qui s'accroît de la science, s'accroît de la douleur. » (Eccl., I, 18.) — Après les abus et les déceptions de la dialectique scolastique du moyen-âge, l'auteur anonyme de l'*Imitation* écrit : « Quand vous sauriez toute la Bible et toutes les sentences des philosophes, que vous servirait tout cela, sans la grâce et la charité ? » (Imit., L. I, ch. I, 3.) — Une réaction analogue semble, de nos jours, devoir suivre les excès du rationalisme. Il était fatal qu'un mouvement de ce genre se produisît dans le monde musulman, sous la forme du mysticisme, après la lassitude causée par les grandes discussions théologiques sur les dogmes de l'Islâm.

Le mystique musulman se nomma *çoûfi* (صوفى) et le mysticisme *taçawwouf* (تصوّف) ; les orientalistes européens l'appellent le çoûfisme. D'où vient ce mot de *çoûfi* ? la question a beaucoup exercé les lexicographes arabes et européens ; la grammaire voudrait qu'il vînt du mot *çoûf* (صوف) qui signifie « laine » : les premiers çoûfîs, dit-on, s'habillaient de laine et la laine serait le symbole de la douceur, de la foi, de la pureté. D'autres l'ont tiré de la racine *çafâ* (صفا), qui veut dire « être pur », mais les lois de la dérivation ne sont pas favorables à cette étymologie. Peut-être vient-il du grec σοφός ? On a été jusqu'à vouloir le tirer du berbère, ce qui semble audacieux. La première étymologie nous paraît la plus vraisemblable.

Abou Sa'îd ibn Abî l-Khaïr fut, paraît-il, au commencement du IIIᵉ siècle de l'Hégire, le premier çoûfî musulman : c'était un persan. Ce furent des persans aussi qui tirèrent du çoûfisme ses conséquences extrêmes et aboutirent au panthéisme, Bestâmî au IXᵉ siècle et Djonaïdi au Xᵉ. L'orthodoxie musulmane ne pouvait voir d'un bon œil les doctrines de gens qui prétendaient arriver à s'identifier tellement avec Dieu qu'ils s'écriaient: *soubh'âni* « gloire à moi », soutenant que c'était ainsi la même chose que *soubh'âna llâdhi* (سبحان الله) « gloire à Dieu ! » Ils eurent donc leurs martyrs, mais l'orthodoxie avait dû de bonne heure composer avec eux, comme elle avait composé jadis avec les philosophes en introduisant la dialectique grecque dans la théologie. Et, de même

qu'Aboû l-H'asan el-Ach'arî avait au IVᵉ siècle récon-
cilié l'orthodoxie avec la philosophie grecque, de
même, un siècle après, Moh'ammed ben Moh'ammed
el Ghazzâlî donnait à l'Eglise musulmane, dans son
célèbre *Ih'iâ'ouloûm ed-dîn* (احياء علوم الدين), une
mystique complète, tempérée par une morale élevée,
car El Ghazzâlî est également le premier qui fonda
chez les musulmans une éthique originale.

C'est une question parmi les érudits orientalistes,
qui n'est pas encore résolue définitivement, que celle
de savoir à qui les mystiques ont emprunté leurs
doctrines ; les ont-ils puisées dans l'Inde antique
(Dozy, Kremer), ou dans la Perse (Carra de Vaux),
ou bien chez les mystiques alexandrins (Depont et
Coppolani), ou encore chez certains mystiques syriens
nourris eux-mêmes des théories néoplatoniciennes
(Merx) ? Goldziher a aussi montré combien les idées
chrétiennes pouvaient avoir à cet égard influencé
l'Islâm dans ses débuts ; il a fait voir encore que
certains dogmes fondamentaux de l'Islâm, comme la
parfaite confiance en Dieu, le *tawakkoul* (توكل),
avaient pu être détournés de leur primitive signification et servir à étayer des doctrines mystiques. Vraisemblablement toutes ces explications contiennent une
part de vérité plus ou moins grande. En réalité, en
quelque pays qu'il se produise, le mysticisme est
toujours si semblable à lui-même, qu'il ne faut pas
s'étonner outre mesure de voir en des pays différents
surgir des doctrines presque identiques.

Le but du mystique, en effet, c'est toujours et
partout l'absorption complète en Dieu, l'unification
avec la divinité, en arabe le *tawh'id* (توحيد). Et ce

mot même de *tawh'îd* (qu'on transcrit couramment par « touhid ») était merveilleusement trouvé pour permettre au mysticisme musulman de se développer à côté de l'orthodoxie et à l'abri d'une équivoque : *tawh'îd* en effet dans la technologie religieuse signifie aussi l' « affirmation formelle de l'unité de Dieu », par opposition au dogme chrétien de la Trinité. C'est la reconnaissance du dogme fondamental de l'Islâm.

Pour arriver à cet état de béatitude qu'est le *tawh'îd*, on passe par un certain nombre d'états, de stations, qui ont été minutieusement décrits par les mystiques de différentes manières plus extravagantes les unes que les autres. Nous extrayons de l'ouvrage de M. Rinn, la description suivante, donnée par Cheikh Es-Senoussi :

« Nous dirons maintenant que les apparitions ne peuvent frapper l'adepte que dans la solitude et seulement à la suite de longues pratiques de piété. Alors lui apparaît la lumière résultant des ablutions et des prières, puis la lumière du démon en même temps que celle des honneurs. Il voit ensuite la vérité se manifester dans tout son éclat, tantôt sous la forme de choses inanimées, comme le corail, tantôt sous celle de plantes et d'arbres tels que le palmier, tantôt sous celle d'animaux, comme les chevaux, tantôt sous la sienne propre et, enfin, sous celle de son cheikh. Ces sortes de visions ont causé la mort d'un grand nombre de personnes. L'adepte jouit ensuite de la manifestation d'autres lumières qui sont pour lui le plus parfait des talismans.

« Le nombre de ces lumières est de soixante-dix mille ; il se subdivise en plusieurs séries et *compose les sept degrés par lesquels on parvient à l'état parfait de l'âme* ; le premier de ces degrés est l'humanité. On y aperçoit dix mille lumières, perceptibles seulement pour ceux qui peuvent y arriver ; leur couleur est terne, elles s'entremêlent les unes dans les autres ; cet état permet en outre de voir les génies. Ce premier degré est facile à franchir, l'âme étant naturellement poussée à fuir les ténèbres pour rechercher la clarté. Pour atteindre le second, il faut que le cœur se soit sanctifié ; alors on découvre dix mille autres lumières inhérentes à ce second degré qui est celui de l'extase passionnée ; leur couleur est bleu clair.

« Conduit ensuite par le bien que l'on a fait, qui appelle sur vous d'autres biens et blanchit les âmes élevées, en leur faisant absorber les mérites conquis par le cœur et en les purifiant de leurs souillures, on arrive au troisième degré qui est l'extase du cœur. Là, on voit l'enfer et ses attributs, ainsi que dix mille autres lumières, dont la couleur est aussi rouge que celle produite par une flamme pure ; seulement, pour les apercevoir, il faut que les aliments dont on se nourrit soient dégagés des choses que l'on aime le plus et dont on est le plus friand, sinon elles apparaissent mélangées d'une fumée qui en ternit l'éclat. Si ce phénomène se produit, on ne doit pas aller plus loin. Ce point est celui qui permet de voir les génies et tous leurs attributs, car le cœur peut jouir de sept états spirituels, accessibles seulement à certains affiliés.

« S'élevant ensuite à un autre degré, on voit dix mille lumières nouvelles, faisant partie des soixante-dix mille qui nous occupent et inhérentes à l'état d'extase de l'âme immatérielle. Ces lumières sont d'une couleur jaune très accentuée, on y aperçoit les âmes des prophètes et des saints.

« Le cinquième degré est celui de l'extase mysté- rieuse, on y contemple les anges et dix mille autres lumières d'un blanc éclatant.

« Le sixième est celui de l'extase d'obsession ; on y jouit aussi de dix mille autres lumières dont la couleur est celle des miroirs limpides. Parvenu à ce point, on ressent un délicieux ravissement d'esprit qui a pris le nom d'El Khadir et qui est le principe de la vie spirituelle. Alors seulement on voit notre prophète Moh'ammed (que Dieu répande sur lui ses bénédictions et lui accorde le salut !)

« Enfin on arrive aux dix mille dernières lumières cachées, en atteignant le septième degré, qui est la béatitude. Ces lumières sont vertes et blanches. Mais elles subissent des transformations successives : ainsi elles passent par la couleur des pierres précieuses pour prendre ensuite une teinte claire, puis enfin acquièrent une autre teinte qui n'a pas de similitude avec une autre, qui est sans ressemblance, qui n'existe nulle part, mais qui est répandue dans tout l'uni- vers. Parvenu à cet état, les lumières qui éclairent les attributs de Dieu se dévoilent et on entend les paroles du Seigneur rapportées dans le récit de la tradition, aux passages commençant par ces mots : « Je l'ai entendu, etc...... Il ne reste plus que la vérité. » Il ne semble plus alors que l'on appartienne à ce monde : les choses terrestres disparaissent pour nous.

« Certains cheikhs, pour traiter la question de ces lumières, ont dressé le tableau explicatif que voici : »

(Voir ce tableau ci-contre ; traduction de M. Rinn).

Les âmes ou les sept modes النفوس وهى الاطوال السبعة	L'âme qui ordonne (volonté) النفس الامارة	L'âme qui reproche اللوامة	L'âme qui inspi[re] الملهمة
Les Marches السيور	La marche vers Dieu السير الى الله	La marche par Dieu السير بالله	La marche en D[ieu] السير على الله
Les Mondes العوالم	Le monde de la présence عالم الشهادة	Le monde du purgatoire عالم البرزخ	Le monde des esprits عالم الارواح
Les Etats الاحوال	Etat du penchant vers les passions حالة الميل الى الشهوات	Etat de l'amitié حالة المحبة	l'Etat de l'amo[ur] حالة العشق
Les Stations المحال	Station de la poitrine محل الصدر	Station du cœur محل القلب	Station de l'â[me] محل الروح
Les Pensées الواردات	Loi révélée شريعة	Voie طريقة	Connaissanc[e] معرفة
Les Noms الاسماء	Il n'y a de divinité qu'Allâh لا اله الا الله	Dieu الله	Lui هو
Les Lumières الانوار	Lumière bleue نور ازرق	Lumière jaune نور اصفر	Lumière rou[ge] نور احمر

L'âme qui tranquilise	L'âme contente	L'âme qui contente	L'âme parfaite
المطمينة	الراضية	المرضية	النفس الكاملة
La marche avec Dieu	La marche au milieu de Dieu	La marche sans (le besoin de) Dieu	La marche-Dieu
السير مع الله	السير في الله	السير عن الله	السير الله
Le monde vrai	Le monde des éléments	Le monde de l'absence	Le monde de la pluralité de l'Unité de Dieu
عالم الحقيف	عالم لاركان	عالم الغيب	عالم كثرة وحدته
Etat de l'union amoureuse	Etat de l'annihilation	Etat de la stupeur	Etat de la vie en Dieu
حالة الوصلة	حالة الهناء	حالة الحيرة	حالة البفاء
Station du secret	Station du secret du secret	Station des organes pectoraux	Station du niveau avec le secret
محل السر	محل سر السر	محل الجواد	محل مستوى السر
Réalité	Union avec Dieu	Essence de la loi	Essence du tout
حفيفة	ولاية	ذات الشريعة	ذات الكل
Vérité	Vivant	Immuable	Subjugueur
حف	حى	فيوم	فهار
Lumière blanche	Lumière verte	Lumière noire	Lumière incolore
نور ابيض	نور أخضر	نور اسود	نور لا نور له

Qui ne reconnaît ici les rêveries de Sainte-Thérèse décrivant les sept châteaux mystiques où elle séjournait successivement pour arriver enfin à l'union avec Dieu ? Dira-t-on que Sainte-Thérèse a imité les mystiques arabes ? la vérité est que le mysticisme exposé ainsi n'est que la description d'un état psychologique morbide que M. Ribot a fort bien étudié dans son beau livre sur les maladies de l'attention et dont le processus est identique à quelque pays et à quelque époque qu'appartienne le sujet.

Naturellement, ce n'est pas dès le début de son initiation que le çoûfî parvient à ces extases surnaturelles ; suivant qu'il est plus ou moins avancé dans la voie mystique, il reçoit des noms différents. Il y a le *talmidz* (تلميذ) ou novice ; le *mourîd* (مريد) ou aspirant ; le *sâlik* (سالك), celui qui marche vers Dieu ; le *medjdzoûb* (مجذوب), celui que Dieu a ravi, qui a goûté aux visions surnaturelles et à qui un jour ou l'autre Dieu peut faire la faveur du *tawh'îd*.

Les mystiques pensent qu'il existe toujours sur la terre une sorte de légion de saints, qui sont classés suivant une hiérarchie rigoureuse. On distingue : 1°) le *ghoûts* (غوث) celui qui, par le crédit qu'il a près de Dieu, peut prendre à sa charge une partie des péchés des croyants ; 2°) le *qat'b* (قطب), c'est-à-dire le « pôle », le plus grand saint de son époque ; 3°) les *awtâd* (اوتاد) ou « piquets », au nombre de quatre seulement, vivant dans des pays dont chacun est situé à l'un des quatre points cardinaux de la Mecque ; 4° les *kkiyar* ou « élus » (خيار) au nombre de sept, qui voyagent continuellement et répandent la foi islamique ; 5° les *abdâl* (ابدال) ou « changeants », au nombre de 40 à 70 ; 6° les *noudjabâ* (نجبا) et 7° les *nouqabâ* (نفبا) au nombre de 300, dont chacun est à la tête d'un groupe de saints.

Le développement du mysticisme dans l'Islâm est intimement lié à celui des confréries religieuses. Celles-ci paraissent en général avoir eu un enseignement essentiellement mystique : c'est un fait connu que les extases sont contagieuses et que l'association est on ne peut plus favorable aux exercices mystiques.

Ce n'est pas ici le lieu de tenter de résumer l'histoire des congrégations musulmanes ; aussi bien ce travail serait-il au-dessus de nos forces ; malgré les très honorables travaux de l'administration algérienne à ce sujet, on peut dire hardiment que la question est loin d'être épuisée, et vraisemblablement il faudra encore beaucoup de travail pour que nous arrivions sur ce sujet difficile à des notions précises et nous devrons probablement modifier encore plusieurs fois notre manière de voir. Les œuvres de Brosselard, de Neveux, Rinn, Depont et Coppolani, ont d'ailleurs définitivement posé la question devant les orientalistes. Leurs auteurs ont surtout mis à contribution les livres des confréries ; mais il est évident que ces livres ne peuvent guère, par leur nature même, nous renseigner sur l'origine, la formation, l'évolution des congrégations musulmanes. D'autre part les renseignements sont rares dans les documents historiques et n'ont pas encore été rassemblés.

Il est certain cependant qu'il faudra pour tracer cette histoire remonter jusqu'aux origines de l'Islâm. Les remarquables travaux de M. Goldziher sur l'ascétisme primitif développé dans l'Islâm sous les influen-

ces chrétiennes sont de nature à donner les plus
précieuses indications. L'importation des confréries
en Algérie et leur histoire dans le Maghrib jusqu'à
nos jours sont au contraire des points encore fort
obscurs pour nous. Au reste nous n'avons ici qu'à
donner quelques renseignements sur l'état actuel des
principales confréries dans l'Algérie et, pour cela,
nous ne pouvons que nous reporter aux très précieux
documents et statistiques que Depont et Coppolani ont
publiés avec soin, dans la deuxième partie de leur
grand ouvrage, dont nous extrairons une partie des
renseignements qui font l'objet du chapitre suivant.

Il importe toutefois auparavant de donner quelques
indications sur l'organisation des confréries, telle que
que l'ont exposée les auteurs des ouvrages précités.

La confrérie s'appelle *t'rîqa* (طريقة), littéralement
la « voie ». On se sert encore souvent, pour désigner
les confréries d'autres mots qui ont un sens plus
général, par exemple *t'aïfa* (طائفة). A la tête de la
confrérie est le *cheikh* (شيخ), dont le pouvoir est
absolu : après lui vient le *khalifa* ou *nâib* (خليفة ou
نائب), dépositaire des pouvoirs du cheikh pour des
pays éloignés ; ensuite viennent les *moqaddem* (مقدم), qui
sont les véritables agents actifs des confréries religieuses : ce sont eux qui représentent la confrérie
dans telle ou telle région naturelle de l'Algérie. Ils
sont en contact immédiat avec les adeptes qui ne
connaissent qu'eux : ce sont eux qui reçoivent les
instructions du cheikh et les transmettent à la foule
des affiliés ; ce sont eux qui donnent l'initiation, recru-
tent des adhérents, stimulent le zèle des fidèles,
recueillent les offrandes ; c'est d'eux en un mot que

dépend la prospérité de la confrérie. Enfin la masse
des adeptes prend le nom de *khouân,* c'est-à-dire
« frères » (اخوان). On emploie encore dans ce dernier
sens les mots : *foqâra* (فـقـراء), pluriel de *faqir* (فـقـيـر),
qui signifie « pauvres », ou *derouich* (درويش), mot
persan employé surtout en Orient, ou tout simplement
le mot *açh'âb* (اصحـاب), « compagnons ».

Des courriers à pied, *reqqâb* (رقّاب) servent à établir
les communications entre les différents chefs de la
confrérie. Le *naqib* (نـقـيـب) est une sorte de maître
des cérémonies. Les *châouch* (شاوش) vaquent aux soins
matériels et, dans les réunions, assistent ceux qui se
livrent à des pratiques de convulsionnaires. Ces réu_
nions ont lieu à époque fixe sous la direction du
moqaddem : on y prie en commun, on y écoute les
instructions du chef, on s'y livre enfin aux chants,
danses, pratiques particulières à chaque ordre. Elles
assemblées prennent le nom de *h'adhra* (حـضـرة). On y
procède encore aux cérémonies de l'initiation.

L'initiation s'appelle *ouerd,* ou mieux *ouird* (ورد),
mot qui désigne « l'action de s'abreuver » et que l'on
a quelquefois confondu bien à tort avec le mot *ouard*
qui signifie « rose ». On dit d'un tel : *khdzâ l-ouerd,*
« il a pris l'ouerd » pour dire : il est initié. On dit
aussi *khdzâ dz-dzikr,* « il a pris le *dzikr* », mot dont
nous allons donner la signification dans un instant.
On se sert encore, surtout dans l'Est, du terme
mitsâq (مـيـثـاق), qui signifie « engagement ». Le
novice qui n'est pas encore initié s'appelle *mou-
rid* (مريد). Quant au moqaddem son investiture lui
est directement donnée par le cheikh sous forme d'un
diplôme ou *idjâza* (اجازة). — Pour ce qui est du

cheikh, il légitime son autorité par la *selsela*
(سلسلة) ou «chaîne» des saints de qui il a reçu son
enseignement. Souvent une autre chaîne indique la
succession des cheikh qui se sont transmis, à la tête
de la confrérie, la *baraka* ou bénédiction divine. La
première est *selselat el-ouerd*, la deuxième, la *selselat
el-baraka*. Toutes les deux remontent jusqu'à Allâh
par l'intermédiaire du Prophète et de l'ange Gabriel.
A titre d'exemple, voici, d'après Depont et Coppolani,
les deux chaînes mystiques du fondateur de l'ordre
des Châdzeliyya.

1º Selselat el-ouerd

Aboû l-H'asan ech-Châdzeli, fondateur de l'ordre ;
'Abdesselâm ben Mechîch ; 'Abderrah'mân el-Madani
dh-Dhiâ ; Nâfi' ed-Dîn ; Fakhr ed-Dîn ; Aboû l-H'asân
'Alî d-Deqqâq Noûr ed-Dîn ; Aboû l-H'asan 'Alî
n-Nâcirî Tâdj ed-Dîn ; Chems ed-Dîn ; Zein ed-Dîn ;
Brahîm Aboû l-H'asan el Baçrî ; Aboû l-Qâsem Ah'med
el Mazârî ; Sa'îd ; Fath' Allâh ; Sa'îd el Ghazouânî ;
Cheikh Djebbâr ; H'asan ben 'Alî ben Abî T'âlib ; 'Alî ;
Moh'ammed ; Djebrâil ; Allâh.

2º Selselat el-baraka

Aboû l-H'asan ech-Châdzeli, fondateur de l'ordre ;
Aboû 'Abdallâh Moh'ammed ben 'Alî ben Haouzam (?) ;
Aboû Moh'ammed Çâlih' ben Manz'ar ; Aboû Median
Cho'aïb ibn el-H'asan en-Nâcirî ; Aboû Moh'ammed en
Noûr ; Aboû Moh'ammed 'Abdeldjelîl ; Aboû Moh'am-
med ben 'Abdallâh ; Aboû Sa'îd ; H'asan en-Noûrî ;
Aboû l-Qâsem Djoneïd ; es-Sarî es-Saqtî ; Ma'roûf

el-Kerkhî ; Dâwoùd et' T'âî ; H'abîb el-'Adjemî ; H'asan el Baçri ; 'Alî ben Abî T'âlib ; Moh'ammed ; Djebrâïl ; Allâh.

Ces chaînes se trouvent généralement mentionnées sur les diplômes ou *idjâza* ; elles sont accompagnées d'une *ouaçiyya*, ou « instruction » sur les principes fondamentaux de l'ordre. On désigne encore par ce nom, les mandements du cheikh à ses adeptes.

La plupart des moqaddem fondent dans leur cir·conscription une *zâouia* qui est pour eux un puissant instrument de propagande. Les étudiants, *l'olba* (ظلبة), de cette zâouia sont des recrues toutes prêtes pour la confrérie. Si la zâouia est tant soit peu importante, un *oukil* (وكيل) est chargé de gérer ses biens. La zâouia devient en quelque sorte un couvent de l'ordre religieux. C'est un foyer de prosélytisme des plus actifs.

Les pratiques plus ou moins obligatoires imposées aux *khouân* sont ainsi énumérées par Rinn :

1º Le renoncement au monde ('*azlat 'ani n-nâs*, عزلة عن الناس).

2º La retraite (*el-kheloua*, الخلوة).

3º L'abstinence (*eç-ciyâm*, الصيام).

· 4º Les réunions (*h'adhra*, حضرة).

5º La *ziâra* (زيارة), dont nous avons parlé au chapitre précédent.

6º La *çadaqa*, *hadiyya* ou *ghefâra* (صدقة، هدية ou غفارة).

7º Le *dzikr* (ذكر) ou prière surérogatoire.

Les trois premières sont les pratiques habituelles de tous les mystiques ; les deux dernières méritent quelques mots à part.

La *çadaqa* est l'offrande religieuse faite aux chefs de la confrérie ; on la représente comme étant le don aumônier prescrit par le prophète (Voy. *supra*, p. 7), ou comme un don expiatoire, ou même comme une simple redevance, suivant les régions et les confréries. Quelque soit son nom et l'interprétation qu'on lui donne, elle représente un tribut, parfois fort lourd et perçu, le plus souvent, avec une incroyable rapacité.

Le *dzikr* est la prière prescrite à tous les khouân ; elle consiste habituellement en une formule coranique fort courte que l'on répète des centaines de fois sur un chapelet pendant la journée et la nuit ou à certaines heures. Chaque ordre religieux se distingue par un dzikr spécial. A titre d'exemple voici le *dzikr* des Tidjâniyya, tel qu'il est exposé dans un diplôme dont nous trouvons la traduction chez Depont et Coppolani (p. 417).

« Les pratiques de notre voie consistent à réciter, entre la journée et la nuit (en 24 heures) le dzikr usuel dont voici la formule :

100 fois : « Que Dieu pardonne ! »

100 fois la prière : « Notre seigneur Moh'ammed qui a ouvert ce qui était fermé », en entier.

100 fois : « Il n'y a pas d'autre dieu qu'Allâh ! »

La nuit dure de la prière du 'acer à l'aube du jour, et la journée commence après la prière du matin et dure jusqu'à la prière du 'acer.

On peut réciter le dzikr pendant tous les instants du jour et de la nuit.

Celui qui aura laissé passer ces deux moments (le matin et le 'acer) sans dire le dzikr prescrit, pourra donc réparer son omission.

La récitation de l'*ouz'ifa* (prière imposée aux

khouân par le rituel de la confrérie en dehors du dzikr) est également obligatoire deux fois entre la journée et la nuit (en 24 heures) pour quiconque entre dans notre *t'riqa*.

Il suffira à celui qui en aura été empêché par une occupation quelconque le rendant excusable, de réciter l'ouz'ifa une seule fois, entre la journée et la nuit (en 24 heures).

Cette prière consiste à répéter après s'être purifié avec de l'eau :

100 fois : « Que Dieu pardonne ! »

30 fois : « Que Dieu l'immmense, Celui qui est le seul dieu, le Vivant, l'Eternel, pardonne ! »

50 fois la prière : « Notre Seigneur Moh'ammed qui a ouvert ce qui était fermé, etc.... »

100 fois : « Il n'y a pas d'autre dieu qu'Allâh ».

12 fois la prière intitulée : *Djawharat-el-Kamâl* (la perle de perfection).

Celui pour qui le *tayammoum* sera d'obligation dira, au lieu de la prière : Djawharat-el-Kamâl, 20 fois la prière : « Notre Seigneur Moh'ammed qui a ouvert ce qui était fermé, etc.... » ; cela lui suffira.

De même est obligatoire, le vendredi, pour quiconque entre dans la *t'riqa* des Tidjâniyya, la noble formule : Il n'y a pas d'autre dieu qu'Allâh ».

On doit commencer à réciter cette prière le jour ci-dessus, peu après la prière du 'acer, jusqu'au coucher du soleil.

Celui qui aura des occupations (l'empêchant de dire cette formule depuis le 'acer jusqu'au coucher du soleil), la récitera un nombre de fois déterminé qui ne sera pas inférieur à douze cents. »

Les femmes sont admises dans les confréries religieuses : on sait du reste que dès les premiers temps
de l'islamisme, il exista des couvents de femmes.
Actuellement les *khouâlât* (خوانات) ou « sœurs » sont
fort nombreuses ; elles sont soumises aux mêmes obligations que les hommes, assistent aux *h'adhra* et
peuvent même devenir *moqaddemât* (مقدمات).

VII

Les confréries religieuses de l'Algérie

Une classification absolue des confréries religieuses
est à peu près impossible : on est amené en effet à les
grouper de façons très différentes suivant le point de
vue auquel on se place, soit que l'on considère surtout leur chaîne mystique, soit qu'on les rapproche
suivant les affinités de leurs doctrines, soit qu'on
tienne compte de l'époque à laquelle elles sont appa-
rues, des régions où elles ont eu de l'influence et du
rôle politique qu'elles ont joué, soit qu'on s'applique
à déterminer le but spécial qu'elles se proposent, soit
enfin qu'on se fonde simplement sur le caractère de
leurs pratiques extérieures. Faute d'une meilleure,
nous adoptons ici la classification proposée par Depont
et Coppolani qui a au moins le mérite d'avoir tenu
compte des différents éléments de classification que
nous venons d'énumérer :

1° Confrérie des *Qâdriyya* (qâdiriyya = قادرية).

Elle prend son nom du célèbre saint universellement connu dans l'Islâm, depuis le fond de l'Insulinde hollandaise jusqu'à la côte atlantique du Maroc, et dont les qoubbas se dressent, innombrables, sur les pics de l'Afrique Mineure. Sîdî 'Abdelqâder el Djîlânî, né dans le Guîlân, province de Perse, en 471 H. (1079 J. C.), mourut en 561 H. (1166 J. C.) et fut enterré à Baghdâd où est la maison-mère de l'ordre. Les Khouân de cette confrérie sont répandus dans tout le monde musulman. Le Mahdî de Khartoum et ses soldats étaient des Qâdriyya. Dans l'Afrique Mineure, les zâouias les plus importantes des Qâdriyya sont situées en Tunisie : mais les khouân sont fort nombreux aussi au Maroc et en Algérie. Dans ce dernier pays on compte 24.500 affiliés (dont 2.600 femmes) et 33 zâouias. L'ordre manque totalement d'homogénéité et paraît, en ce qui nous concerne, plein de bonnes dispositions. Il n'a nullement, tel qu'il se présente à l'époque actuelle en Algérie, le caractère d'une société secrète ;

2° Les *Bekkáya* (Bekkâouiyya) qui se réclament aussi de Sîdî 'Abdelqâder el Djîlânî ne comptent d'adhérents qu'au Touât, dans l'Adrâr, chez les Touâreg et à Tombouctou où est la maison-mère ;

3° Les *'Aroûsiyya* ou *Selâmiyya* sont surtout confinés dans la Tripolitaine et dans la Tunisie : ils se caractérisent par un mysticisme exalté, par leurs danses effrénées et leurs pratiques de convulsionnaires analogues à celles si connues des 'Aïssâouâ. Il n'y en a guère en Algérie qu'à l'Extrême Est du département de Constantine où l'on compte une centaine d'affiliés ;

4° Les *'Aïssâoua* ('îsâoua = عيساوية) sont connus de

tous les touristes pour leurs extraordinaires jongleries.
Leur ordre a pour fondateur le célèbre Sîdî M'hammed
ben 'Aïssa ('Isâ), mort et enterré à Méquinez (Miknâs)
au XVIᵉ siècle de notre ère. Ils paraissent être au Maroc
fanatiques et dangereux : mais par contre, ils semblent
bien inoffensifs en Algérie. Les exercices auxquels
ils se livrent : manger du verre pilé, s'enfon-
cer des poignards dans le corps, se brûler avec de
l'alfa enflammé, se faire mordre par des vipères, etc...
offrent un mélange de charlatanisme et de faits qui
ne sont explicables que par les phénomènes d'hypnose.
Robert Houdin, dans une mission que lui confia
jadis le Gouvernement de l'Algérie, prétendit que les
tours des 'Aïssâoua devaient s'expliquer par les seules
ressources de l'art de la prestidigitation : il semble,
nous paraît-il, qu'il s'est quelque peu abusé et que les
'Aïssâoua sont sincères dans un grand nombre de cas.
Les 'Aïssâoua sont répandus dans toute l'Algérie
où ils ne comptent pas moins de 3.500 khouân. La
plus importante de leurs zâouias qui sont au nombre
d'une dizaine est celle de Sîdî 'Alî ben Moh'ammed,
située dans le douar Ouzara et où l'on conserve
encore comme une relique la peau de panthère sur
laquelle couchait, dit-on, Sîdî Mh'ammed ben 'Aïssa,
le fondateur de la confrérie. Les khouân paraissent
se recruter dans la classe inférieure de la société, si
nous en jugeons par ce que nous avons pu observer
de près à Tlemcen, où tous les 'Aïssâoua sont des
ouvriers et des artisans de la ville qui, par ailleurs,
vivent honnêtement de leur profession. Il y en a aussi
en Tunisie, en Tripolitaine et jusqu'à la Mecque. L'ordre semble totalement manquer de cohésion, toutes
réserves faites en ce qui concerne le Maroc.

5° L'ordre de *Sìlì Boû 'Alì* n'a de représentants que dans la province de Constantine et en Tunisie ; on lui donne, pour le territoire algérien, 375 adeptes et 4 zâouias. Les *Bou 'Aliyya*, issus des Qàdriyya, se livrent à des pratiques analogues à celles des 'Aïssâoua.

6° Les *'Ammâriyya* sont bien connus dans les départements d'Alger et de Constantine, comme étant les émules des 'Aïssâoua pour les jongleries. Le fondateur de l'ordre, Sîdî 'Ammâr Boû Senna, vivait au XVIIIe siècle, dans la région de l'Oued Zenati. On compterait 6.000 khouân relevant de 26 zàouias, tant en Algérie qu'en Tunisie.

— Dans l'arrondissement de Guelma, une branche dissidente des 'Ammâriyya, sous la direction d'un certain Ben Nah'al, compte environ 200 adeptes.

7° Le fondateur de l'ordre des *Rah'mâniyya*, Sîlî Mh'ammed ben 'Abderrah'mân Bou Qobréin, naquit au XVIIIe siècle, dans la tribu kabyle des Aït Smaïl; sa réputation grandit rapidement et le gouvernement turc finit pas s'émouvoir de cette puissance qui s'élevait dans un milieu aussi belliqueux que la Grande Kabylie. La mort même du saint ne coupait pas court à ce danger, car de la plaine et de la montagne la foule accourait en pèlerinage à un tombeau qui pouvait devenir ainsi un redoutable foyer de fanatisme. Comme Sîdî Mh'ammed bou Qobréin avait jadis enseigné au H'amma, près d'Alger, les Turcs imaginèrent de s'emparer du corps du saint et de l'enterrer là, de façon à pouvoir surveiller efficacement l'agitation religieuse. Des khouân rah'mâniyya d'Alger exhumèrent le cadavre par surprise en Kabylie et

l'amenèrent à Alger. Mais, alors on constata que le
corps du saint, bien que transporté au H'amma,
n'avait pas cessé d'être présent dans la sépulture des
Aït Smâïl ; la sainte dépouille s'était miraculeusement
dédoublée. C'est en mémoire de ce miracle qu'il est
appelé *Boû Qobréin*, c'est-à-dire « l'homme aux deux
tombeaux ».

Les Rah'mâniyya sont peut-être l'ordre le plus
important, le plus populaire de tous dans l'Est de
l'Algérie : il a dans toute cette région un caractère
presque national ; l'histoire nous montre des chefs
rah'mâniyya dans la plupart des insurrections. En
particulier, la grande insurrection de 1871 fut l'œuvre
du grand maître de cette confrérie, Si Moh'ammed
Amziân el H'addàd. Mais l'histoire nous fait voir d'un
autre côté les Rah'mâniyya comme dépourvus, dans leur
ensemble, de toute cohésion et de toute discipline.
Aujourd'hui, ils se répartissent entre différents chapitres religieux ; le chapitre d'El H'âdj 'Alî ben
El Hamlâouî ben Khalîfa, à Châteaudun-du-Rhumel,
près de Constantine, compte 40.000 affiliés et
40 zâouias ; celui de Moh'ammed ben Belqâcem, à
Akbou, réunit 9.000 khouân et 42 zâouias ; celui de Sî
Most'âfa ben 'Abderrah'mân ben Bachtarzî, à Constantine, 10.000 khouân et 8 zâouias ; des zâouias de Nefta
(Sud Tunisien) et Khanga Sîdî Nadjî (Aurès) dépendent
15 zâouias et 13.000 khouân ; 16.000 autres khouân
et 17 zâouias rentrent dans l'obédience de la zâouia
de T'olga (Zîbàn) ; Sî Moh'ammed ben Belqâsem, dans
sa grande zâouia d'El H'amel (Bou-Saada) est le chef
de 43.000 khouân et de 29 zâouias secondaires ; enfin
le petit chapitre rah'mânî de Timermacin (Ah'mar

Khaddou, Aurès) ne compte que 3 zâouias et 2.500 adhérents. En récapitulant tous ces chiffres, on arrive au total énorme de 177 zâouias rah'mâniyya et de 156.000 khouân, dont près de 900 moqaddem et 13.000 sœurs ou khouâtât. C'est là un effectif énorme, mais auquel manque actuellement toute unité de direction. La confrérie n'a pas d'importance en dehors de l'Algérie et de la Tunisie.

8° La confrérie des *Tidjâniyya* est encore une confrérie essentiellement algérienne ; le fondateur, Sîdi Ah'med ben Moh'ammed ben el-Mokhtâr et-Tidjânî, issu du chérif marocain qui fonda 'Aïn Mâdhî, près de Laghouat, avait acquis au siècle dernier une grande renommée : sous lui et sous ses successeurs, la confrérie atteignit un haut degré de prospérité. Vers 1850, elle étendait ses ramifications dans toute l'Algérie, au Maroc, dans l'Adrâr, au Touât, au Soudan, en Tunisie, en Tripolitaine et même en Asie. Depuis cette époque, des discordes intérieures ont amené une scission entre les deux principales zâouias de l'Algérie, la maison-mère de 'Aïn Mâdhî et la la zâouia de Temacin (Touggourt). Les zâouias maro-caines, celles du Touât, du Soudan Occidental ont formé une branche indépendante et qui nous a été plutôt hostile jusque dans ces derniers temps. Au contraire, les Tidjâniyya algériens n'ont cessé de soutenir la cause de la domination française et nous ont rendu les plus grands services. Ils étendent encore leur influence en Tunisie, dans l'Adamaoua et au Congo, où leur prestige est grand. Il y a aussi des zâouias à Constantinople, au Caire, à Beyrouth, à Médine, à la Mecque. La confrérie ne compte pas moins, en Algérie, de 25.000 khouân et 32 zâouias.

Depont et Coppolani ont bien marqué le caractère seigneurial et politique de cette confrérie où, contrairement à ce qui se passe chez d'autres, par exemple, les Qâdriyya et les Rah'maniyya, les affaires temporelles occupent le même rang que les affaires spirituelles.

9° Les *Châdzeliyya*, reconnaissent pour fondateur Aboû l-H'asan 'Ali ben 'Abdeldjebbâr ech-Châdzeli, né en Tunisie, suivant les uns, au Maroc, suivant les autres, à la fin du XII° siècle de notre ère ; c'était un élève du très célèbre Sîdî 'Abdesselâm ben Mechîch, lequel était lui-même un disciple de Sîdî Cho'aïb Aboû Median el-Andalousî, enterré à El'Eubbâd, près de Tlemcen, dans la gracieuse mosquée que visitent tous les touristes. Ech-Châdzelî était avant tout un *sâïh'*, c'est-à-dire un moine mendiant et errant, et la *siâh'a*, c'est-à-dire la vie du religieux errant, est le caractère de sa confrérie. Une foule d'autres ordres se sont inspirés des doctrines de Châdzeli : les khouân qui se réclament directement de lui sont encore assez nombreux en Algérie, où l'on en compte 14.000, dépendant de 4 grandes zaouïas. A Tunis, en Tripolitaine, au H'edjâz on compte aussi de nombreux Châdzeliyya. Mais tout cela est sans cohésion et le chadzélisme est en somme plutôt une doctrine dont se réclament de nombreuses zâouias qu'une société religieuse organisée.

10° Les *Zerroûqiyya* ne sont guère représentés en Algérie que par la zâouïa de Berrouaghia, complètement indépendante du reste : 2.700 khouân. Ils se réclament aussi de Sîdîch-Châdzeli.

11° Le fameux *medjdzoûb* (illuminé) Sîdî Ah'med ben Yoûsef est le patron des *Yoûsefiyya*. Ce célèbre santon enterré à Miliana où son tombeau est l'objet de pélerinages nombreux est surtout connu par les proverbes qu'on lui prête et qui sont, pour la plupart, des épigrammes contre les différents pays de l'Algérie. Un des ses descendants a fondé à Tioût, dans l'Extrème-Sud oranais, une zàouia qui compte encore de nombreux adhérents (1.500 environ dans l'Extrème-Sud, à Tlemcen et à Oran). Ils n'ont pas une très grande influence et l'ont d'ailleurs toujours mise à notre service, autant que les évènements le leur ont permis.

12° On a désigné sous le nom de *Cheikhiyya,* les Oulàd Sîdî ch-Cheikh, considérés en tant que confrérie religieuse. Evidemment leur noblesse a, en principe, un caractère religieux, mais ils ne semblent pas comparables aux autres confréries : leur puissance, essentiellement territoriale, est surtout d'ordre politique. Le fameux agitateur de 1881, Bou'Amâma, a cherché dans ces derniers temps, à constituer une véritable confrérie et il est arrivé à recruter quelques adhérents parmi les tribus de l'Extrême Sud-Ouest.

13° Les *Nâceriyya,* fondés par un descendant de Sîdî Ah'med ben Yoûsef ont leur maison mère à Tamegroût, dans l'Ouâd Drâ, au Maroc. Cet ordre est tout puissant dans une grande partie du Sud marocain et en maints autres pays du Maroc. En Algérie la confrérie ne possède que peu d'abérents : le seul noyau compact est dans l'Aurès, où environ 600 khouân obéissent à la zàouia de Khanga Sîdi Nadjî.

14° C'est dans l'Aurès aussi que la confrérie tunisienne des *Chabbiyya* compte quelques adhérents. Elle n'a presque plus d'influence : ses khouân suivent les règles des Nâceriyya.

15° L'ordre des *T'ayyibiyya* est un des plus importants du Maroc ; sa maison mère est à Ouazzân et le grand maître de l'ordre est bien connu dans le public sous le nom de « Chérif d'Ouazzân ». Il se nomme actuellement Moûlaye el-'Arbî ben Moûlaye 'Abdesselâm ben el-H'àdjdj el-'Arbî l-Ouazzânî. Il compte parmi ses ancêtres le célèbre 'Abdesselâm ben Mechîch, un des saints les plus vénérés du Maroc, et se rattache directement à la lignée de Moûlaye Idrîs qui était le petit-fils de l'arrière petit-fils de Mahomet et qui fut le fondateur de la première dynastie nationale du Maroc. La noblesse des chérifs d'Ouazzân est supérieure ainsi à celle des sultans actuels du Maroc dont la descendance, au dire des généalogistes les plus compétents, présente une lacune au niveau de Moûlaye Idrîs. Aussi les sultans de la dynastie actuelle ont-ils toujours considéré les chérifs d'Ouazzân comme des compétiteurs éventuels sérieux, et pendant longtemps, ils se les sont conciliés par des faveurs et des privilèges qui les ont grandis encore davantage. Ce n'est pas ici le lieu d'exposer à la suite de quels évènements le chérif d'Ouazzân a été amené à se mettre sous la protection du Gouvernement français, mais on ne peut méconnaître que ç'à été là un des plus grands succès de notre diplomatie au Maroc. Sans doute on a exagéré parfois la puissance du chérif, dont l'autorité est bien loin de s'étendre à tout le Maroc ; sans doute, en d'autres régions de ce pays, d'autres personnages religieux ont une autorité comparable et peut-être même supérieure à la sienne ; sans doute ses relations avec un Gouvernement d'Infidèles ont pu, en une certaine mesure, diminuer son prestige et ont certainement été exploitées contre lui ; mais toutes ces considérations doivent s'effacer devant cette remarque que, si nous n'avions pas pris sous notre protection la maison d'Ouazzan, elle aurait pu faire bénéficier de son influence une autre puissance européenne.

La confrérie des *T'ayyibiyya*, qu'on appelle surtout au Maroc *Toûhâmiyyîn*, du nom de Moûlaye et-Toûhâmi ben Moh'ammed, le plus illustre réorganisateur de la confrérie (mort en 1715), présente un caractère d'unité et de cohésion qui manque à la plupart des autres : elle a véritablement le caractère d'une société organisée, ce qui du reste ne présente aucun danger, l'ordre étant à l'heure actuelle entièrement à notre dévotion. Il ne compte pas moins de 22.000 Khouân en Algérie et 8 zâouias seulement : ce petit nombre de zâouias montre combien l'ordre est fortement centralisé. En outre, il compte au Touat, circonstance heureuse pour nous à l'heure actuelle, de très nombreux adhérents.

16° Les *Hansaliyya*, ordre dérivé des Châdzeliyya, ont eu jadis une grande influence au Maroc : presque disparus de ce pays aujourd'hui, ils ne sont plus guère représentés en Algérie que par la zâouia de Chettaba (Constantine) dont le chef commande à plus de 4.000 khouân. Ils ne suivent plus, du reste, la règle des Hansaliyya primitifs.

17° Les *Ziyâniyya* prennent leur nom de Moûlaye Bou Ziyân, enterré à Kenadsa, entre le Tafilelt et Figuîg. Essentiellement philanthropique, éloignée des excès du mysticisme, cette confrérie, animée pour nous d'excellentes intentions, a de nombreux khouân au Maroc et en Algérie où on en compte plus de 3.000 presque tous dans la province d'Oran. Elle s'occupe activement d'affaires commerciales.

18° Les *Kerzâziyya* sont également un ordre à tendances philanthropiques : ils prennent particulièrement sous leur protection les malheureux qçoùriens de tout temps opprimés par les nomades. La maison mère est au Sud de Kenadsa. L'ordre est confiné dans le Sud oranais et marocain, et compte en Algérie 2.000 khouân.

19° Les *Derqâoua*, célèbres entre tous les ordres religieux de l'Ouest par leur fanatisme, reconnaissent pour fondateur Sîdî l-'Arbî d-Derqâwî, mort en 1823 à la zâouia de Boû Brîh', dans les Benî Zerouâl (Djebâla du Maroc), qui est encore aujourd'hui la maison mère de l'ordre. Voici comment il fit, d'après un texte traduit par Rinn, ses dernières recommandations :

« Les devoirs de nos frères consisteront à triompher de leurs passions. Pour accomplir ces devoirs, ils chercheront à imiter :

Notre Seigneur Moûsâ (Moïse), en marchant toujours avec un bâton ;

Notre Seigneur Aboû Bekr et notre seigneur 'Omar ben el Khet't'âb, en se vêtant d'étoffes rapiécées ;

Dja'far ben Abî T'alib en célébrant les louanges de Dieu par des danses ;

Boû Hariro (1), secrétaire du Prophète, en portant au cou un chapelet ;

---

(1) Bou Harîro est évidemment une erreur pour Aboû Horeïra ; mais ce dernier compagnon du prophète, probablement illettré, devait être peu capable de faire un secrétaire.

Notre Seigneur 'Aïssâ (Jésus) en vivant dans l'isolement et le désert ;

Ils marcheront pieds nus, endureront la faim, ne fréquenteront que les hommes pieux.

Ils éviteront la société des hommes exerçant un pouvoir. Ils se garderont du mensonge. Ils dormiront peu, passeront les nuits en prière, feront des aumônes ; ils informeront leurs cheikhs de leurs plus sérieuses comme de leurs plus futiles pensées, de leurs actes importants comme de leurs actes les plus insignifiants. Ils auront pour leur cheikh une obéissance passive et, à tous les instants, ils seront entre ses mains comme le cadavre aux mains du laveur des morts. »

C'est le célèbre *perinde ac cadaver* des Jésuites, dont on a même dit que ceux-ci l'avaient emprunté aux confréries musulmanes.

Les Derqâoua sont donc des derviches mendiants. C'est un ordre dangereux et on le retrouve dans presque toutes les insurrections qui ont eu lieu contre les gouvernements tant dans l'histoire du Maroc que dans celle de l'Algérie française. Cependant aujourd'hui, l'ordre des Derqâoua semble en Algérie prendre un autre caractère : il est surtout réputé par la science de ses membres. Quoiqu'il en soit, c'est celui qui pourrait, le cas échéant, nous être le plus hostile. Fort heureusement, il n'est guère aimé des autres confréries et depuis la mort de Sîdî Ah'med el H'achem ben el 'Arbî, chef de la zâouia de Metghâra (orthographe de Foucauld), au Tafîlelt, il semble s'émietter. Cette dernière zâouia en effet avait presque supplanté la zâouia de Boû Brîh' et c'est à elle qu'appartient en réalité la maîtrise. Depuis, une autre zâouia, celle de Sî Moh'ammed el Habrî, dans les Benî Snassen, a pris une grande autorité et tend visiblement à l'indépendance. Les Derqâoua ne comptent pas moins de 9.500 khouân en Algérie, presque tous confinés dans la province d'Oran, et 10 zâonias.

20° Les *Madaniyya* ont été fondés en Tripolitaine par un Derqâouî, Sî Moh'ammed ben Hamza el-Madanî. Ils sont devenus un des ordres les plus actifs de l'Orient et un des plus dangereux pour les idées européennes. De plus, ils semblent avoir l'appui secret du gouvernement ottoman et représentent chez nous une influence étrangère contre laquelle nous devons lutter de toutes nos forces. Répandus en Turquie, en Arabie, en Egypte, en Tripolitaine, en Tunisie, ils comptent, en Algérie, 1.700 khouân et deux zâouias.

21° Les *Senoûsiyya* sont certainement la confrérie musulmane dont le nom est le plus connu du public. A la suite d'articles de journaux dénués de mesure, on a fini par exagérer l'influence qu'elle peut avoir, surtout en Algérie. Duveyrier, dans une brochure où son imagination l'a un peu entraîné, a fortement contribué à créer ainsi autour des Senoûsiyya une sorte de légende. Cet ordre a été fondé au commencement du siècle par Sî Moh'ammed ben Sî 'Alî s-Senoûsî, né dans un douar compris actuellement dans le territoire de la commune mixte de l'Hillil (Oran). Il se faisait passer pour le mahdî et le chef actuel de la confrérie prend encore ce titre. La maison-mère a longtemps été à Djaghboûb : dans ces derniers temps, elle avait été transportée dans l'oasis de Koufra, en plein désert Lybique. Les *Senoûsiyya* prétendent synthétiser tous les autres ordres religieux et en même temps ramener les mœurs à la primitive pureté de l'Islâm. Par là, ils se sont posés en nova-teurs et, de ce fait, sont naturellement mal vus par l'orthodoxie islâmique. Mais ils ont mis presque complètement sous leur influence tout le vilayet de Tripoli et une partie du Soudan Oriental. Ils ont aussi de solides ramifications en Egypte et en Arabie. Pour les populations du désert, le mahdî actuel a été un véritable bienfaiteur par l'intelligence avec laquelle il a su conduire les travaux d'hydraulique agricole. Quant à la puissance militaire qu'on lui croyait, il faut en rabattre beaucoup. Dans l'oasis de Sioua, qui passait pour être un des centres les plus actifs du fanatisme senoûsien, le voyageur allemand Lt Frei-herr von Grünau vient de trouver le moqaddem de l'ordre vivant en parfaite intelligence avec un repré-sentant du gouvernement khédivial. Non seulement on ne s'est pas opposé à l'entrée du voyageur dans l'oasis, mais il a entretenu les meilleurs rapports avec le moqaddem qui l'a invité chez lui à plusieurs repri-ses. Il est vrai d'autre part qu'au Soudan et au Touât les Senoûsiyya ont paru dans de récentes circons-tances beaucoup plus intraitables, mais en Algérie ils n'ont jamais eu qu'une influence insignifiante : les recensements les plus minutieux n'ont pas pu faire découvrir plus de 950 khouân, dont plus de la moitié habitent la région où est né le fondateur de la secte.

Si l'on additionne ensemble les chiffres que nous venons de citer au cours de cette énumération des principales confréries religieuses de l'Algérie, on arrive au total énorme de 295.000 khouân et 349 zâouias. Ce nombre serait véritablement pour effrayer, si l'on ne savait que cette masse énorme est incapable d'une action et que les confréries sont en rivalité continuelle. Nous reproduisons ci-contre le tableau donné par Depont et Coppolani à la page 215 de leur ouvrage. Il eût pu être intéressant de rapprocher ces chiffres de ceux qu'avait donnés le recensement fait une douzaine d'années auparavant ; mais ces sortes de statistiques n'ont pas assez de précision pour qu'on puisse tirer de la comparaison des chiffres des conclusions rigoureuses ; les fonctionnaires auxquels on s'adresse pour avoir ces chiffres, officiers de bureaux arabes, administrateurs de communes mixtes, maires de communes de plein exercice, sont de valeur forcément inégale, et d'ailleurs l'appréciation du nombre de khouân d'une commune est chose délicate et qui comporte une « équation personnelle » que ceux qui utiliseront les statistiques ne peuvent connaître.

On a pu voir que nous nous sommes montrés très sobres dans nos appréciations sur le caractère doctrinal et les tendances des divers ordres : c'est qu'en effet il nous est encore bien difficile de nous faire des idées précises à ce sujet. Les grands ouvrages de Rinn, de Depont et Coppolani nous ont donné une vue d'ensemble du sujet ; il resterait à reprendre patiemment l'étude de chacune des confréries, à retracer sa genèse, son histoire interne et externe. Cette dernière surtout serait de nature à nous ouvrir des aperçus nouveaux ; il faudra enfin ne pas se limiter à l'Algérie et étendre, comme ont déjà cherché à le faire les auteurs des « Confréries religieuses musulmanes » le cercle de nos études à l'Islâm tout entier.

ÉTAT NUMÉRIQUE

des Confréries religieuses musulmanes qui ont des adeptes

en Algérie

Etat numérique des confréries religieuse

(Extrait de l'ouvrage « Les confréries religieuses musul

Nos D'ORDRE	NOMS DES CONFRÉRIES	Zâouïas	Oukîl	T'olba	Cheikhs	Moqàddem
1	Qâdriyya	33	1	521	4	301
2	'Aroûsiyya.	2	»	»	»	3
3	'Aïsâoua	10	5	»	1	39
4	Boû-'Aliyya	4	»	»	»	6
5	'Ammâriyya.	26	3	79	3	46
6	Corporatiou de Ben-Nah'al. .	1	»	»	»	»
7	Rahmâniyya.	177	11	676	23	873
8	Derdoûriyya de l'Aurès.. . .	1	»	»	1	1
9	Tidjâniyya.	32	9	»	2	165
10	Châdzeliyya.	11	»	195	9	»
11	Zerroûqiyya.	1	»	55	1	16
12	Yoûsefiyya.	1	»	»	1	8
13	Cheikhiyya	4	11	»	»	45
14	Nâceriyya.	3	»	»	1	3
15	Chabbiyya.	2	»	»	»	»
16	Tayyibiyya	8	21	128	»	234
17	Hansaliyya	18	3	176	1	48
18	Ziâniyya.	2	»	»	»	76
19	Kerzâziyya	»	»	»	»	78
20	Derqâoua	10	»	134	9	72
21	Madaniyya.	2	11	»	»	14
22	Mokhaliyya (tireurs). . . .	»	»	»	»	2
23	Senoûsiyya	1	1	35	1	20
		349	76	1.999	57	2.149

usulmanes qui ont des adeptes en Algérie

hanes » par Octave Depont et Xavier Coppolani, page 215)

Châoùchs	Khouân	Derouîch	Khouâlât	Khalifa	Foqra	Khoddam	TOTAUX DES AFFILIÉS
»	21.056	»	2.695	»	»	»	24.578
6	77	»	5	»	»	»	91
58	3.444	»	33	»	»	»	3.580
10	266	»	82	»	»	»	364
188	284	»	22	36	5.774	»	6.435
»	»	»	»	»	220	1.500	1.720
849	140.596	»	13 186	»	»	»	156.214
»	1.020	»	250	»	»	»	1.272
162	19.821	»	5.164	»	»	»	25.323
»	13.251	»	652	»	»	»	14.206
13	2.614	»	35	»	»	»	2.734
»	1.437	»	»	»	»	»	1.446
»	10.020	»	140	»	»	»	10.216
4	468	»	165	»	»	»	641
»	»	»	»	»	»	2.500	2.500
108	19.110	»	2.547	»	»	»	22.148
102	3.485	»	438	»	»	»	4.253
4	2.673	»	364	»	»	»	3.117
»	1.673	»	263	»	»	»	2.014
2	»	8.232	1.118	»	»	»	9.567
1	1.673	»	»	»	»	»	1.699
»	120	»	»	»	»	»	122
5	874	»	13	»	»	»	949
1.512	243.962	8.232	27.172	36	5.994	4.000	295 189

On pourra alors préciser (et M. Le Châtelier a déjà indiqué cette voie dans son livre sur l'Islâm au Soudan) les différences qui existent entre les diverses confréries, depuis la confrérie rudimentaire que fonde forcément et naturellement tout marabout lorsqu'il impose un *dzikr* à ses fidèles, à ses *khoddam* jusqu'aux confréries qui s'étendent sur tout l'univers musulman ; depuis la confrérie qui reste absolument locale, comme celle de Sîdî Moh'ammed ben 'Aouda, à Zemmora, jusqu'à celle qui devient universelle comme l'ordre religieux des Qâdriyya. On comparera les confréries qui n'ont pas ou presque pas de caractère religieux, comme les confréries de tireurs, si nombreuses au Maroc ; comme les corporations de jongleurs, par exemple les Oulâd Sîdî H'ammed ou Moûsâ du Soûs ou les Beni 'Abbès kabyles avec celles où l'élément religieux domine, comme les 'Aïssâoua. On reconnaîtra que les Châdzeliyya, par exemple, représentent plutôt un enseignement qu'un ordre religieux ; que, tandis que les Cheikhiyya (Oulad Sîdî Cheikh) ont avant tout un caractère politique et local, les Qâdriyya présentent au contraire un caractère religieux et universel ; que, tandis que les Rah'mâniyya ont l'aspect d'un ordre national algérien, d'autres ordres représentent spécialement une classe de la société (les Kerzâziyya, par exemple) ; que certains ordres, comme les Derqâoua, se confinent dans l'ascétisme, tandis que d'autres comme les Ziâniyya s'occupent d'intérêts commerciaux. Ces ordres ne peuvent donc être mis sur le même rang : ils répondent à des besoins différents ; si leur caractère religieux leur donne une teinte d'uniformité, c'est que chez nos indigènes, la religion envahit toute la vie. En réalité, étudier les ordres religieux de l'Afrique Mineure, c'est presque faire le chapitre de l'association dans la sociologie maghribine.

Il restera aussi à se faire une idée exacte des rapports du maraboutisme avec les confréries : que notre domination ait tendu à favoriser le règne de celles-ci en Algérie et ait contribué à leur faire plus ou moins prendre des allures de sociétés secrètes, c'est ce qui paraît assez probable ; mais malgré tout, il est encore exact, suivant nous, de dire que le marabout local prévaut sur la confrérie. Nous avons déjà exposé que les moqaddem étaient le véritable élément actif des confréries ; mais le moqaddem, c'est le marabout local et si la confrérie lui donne quelque relief, elle ne vaut que par lui ; or les moqaddem sont tous rivaux lorsqu'ils sont voisins et s'ignorent, la plupart du temps, lorsqu'ils sont éloignés ; leurs circonscriptions ne sont pas délimitées, leur clientèle le plus souvent grossit ou diminue suivant que leur prestige baisse ou grandit. Eux-mêmes se rendent indépendants dès que la confrérie n'a plus à sa tête un marabout de renom : les Derqâoua se désagrègent depuis qu'ils n'ont plus à leur tête le chérif de Metghara. Il n'y a peut-être pas d'exemple d'une confrérie qui, dans des circonstances critiques, ait obéi avec ensemble à son chef : il y a toujours des rivalités intestines qui empêchent l'unité d'action. On l'a bien vu en 1871, lors de la levée de boucliers des Rah'mâniyya : les importantes branches de T'olga et d'El H'amel refusèrent de se joindre aux révoltés. Les ordres religieux n'arrivent même pas à réconcilier les çoffs locaux ; à Tlemcen où les citadins (*h'adhar*) et les descendants des Turcs (*Kouloughlis* ou *Kouroughlis*) sont en opposition depuis des siècles, les deux partis ne se confondent pas dans les mêmes confréries et il y a, par exemple, deux zâouias de Qâdriyya, une de h'adhar et une de Kouloughlis. Tout cela ne nous offre guère l'image de sociétés secrètes disciplinées et où chaque membre concourt avec les autres à une action d'ensemble précise.

Aussi les dangers politiques que pourraient nous faire courir les confréries ne paraissent-ils pas considérables : en revanche nous avons retiré de l'appui de quelques-unes d'entre elles d'importants avantages. Les relations qu'elles entretiennent entre les habitants des différents pays musulmans peuvent, le cas échéant, fournir à notre action des points d'appui fort utiles. D'un autre côté, nous devons éviter, en favorisant outre mesure certaines personnalités, de donner à leur ordre une importance qui deviendrait éventuellement dangereuse pour nous ; mais heureusement ce péril n'est pas trop à craindre, car une confrérie qui embrasserait trop ouvertement notre cause ne manquerait pas de se discréditer d'autant auprès des purs croyants, et c'est un fait qu'on a déjà observé. Nous ne saurions d'ailleurs faire des confréries un instrument de domination ; elles n'offrent pas pour cela une surface suffisante et nous disposons de moyens économiques autrement puissants. Une politique de surveillance bienveillante, sans intervention, pour celles qui se développent sans intentions dangereuses ; et de répression éclatante pour celles qui se déclarent nettement contre nous, telle est la ligne de conduite que le

gouvernement français a suivie jusqu'ici vis-à-vis de
ces associations et qui ne peut que donner de bons
résultats.

Toute notre méfiance doit être concentrée sur
les confréries venues de l'étranger avec une estam-
pille plus ou moins officielle de quelque gouvernement musulman ; si la chimère du panislamisme,
sur laquelle l'attention a été récemment attirée (Depont
et d'Eckardht) a réellement germé dans quelques
cerveaux fanatiques de l'Orient, nous lui opposerons
ici les confréries nationales et les chérifs maghribins.
D'ailleurs ce danger n'est pas proche et nous devons
bien nous garder de le créer en en parlant trop. Ce
n'est pas au reste vers l'Orient que le Maghrib doit
tourner ses yeux au point de vue religieux ; c'est à
Fez qu'est assis sur le trône le véritable descendant
de la fille du Prophète, et il se pourrait que nous
eussions un jour intérêt à défendre ses droits à cet
égard.

La question des rapports des confréries religieuses
avec l'étranger a été encore envisagée sous un autre
jour ; des statistiques intéressantes ont conduit Depont
et Coppolani à évaluer les recettes annuelles des
confréries religieuses en Algérie et à rechercher
quelle proportion de ces recettes s'en allait à l'étranger
alimenter la caisse de maisons-mères situées au-delà
de nos frontières. Ils récapitulent ainsi les recettes
ordinaires des ordres religieux en Algérie :

Produit de la çadaqa............	3.000.000 fr.
Droits d'investiture et d'initiative.	1.500.000 —
Produit de la ziâra............	3.000.000 —
Corvées exceptionnelles, touîza..	mémoire
Total.........	7.500.000 fr.

Le rendement des impôts arabes n'était, pour l'année dans laquelle a été fait ce calcul, que de 16.200.000 francs environ.

Sur cette somme, 702.000 francs environ auraient pris le chemin de nos frontières. Il est vrai qu'il convient d'en retrancher environ 150.000 francs partis en Tunisie, terre presque française. Nous ne pouvons guère regretter non plus les 221.000 francs qui sont allés remplir les coffres du chérif d'Ouazzân. Le reste est allé en partie enrichir d'autres confréries du Maroc : 35.000 francs environ seraient partis pour l'Orient. C'est encore trop, et cependant comme le disent les auteurs, il ne faut pas chercher à interdire la ziàra. Une pareille mesure serait une atteinte odieuse à la liberté individuelle et d'ailleurs ne produirait pas d'effet. Nous ne devons rien attendre à ce point de vue que du développement graduel de nos idées chez les indigènes, et d'ailleurs quels résultats donneraient de pareilles statistiques si elles étaient faites chez nous ?

VIII

Cérémonies, fêtes religieuses ; superstitions, survivances.

Le sujet indiqué par cette simple rubrique est tellement vaste et a été si peu travaillé jusqu'ici qu'il peut sembler téméraire de vouloir en donner un aperçu en quelques pages. On excusera probablement notre manque d'ordre raisonné dans un sujet aussi complexe et dont nous voulons seulement donner une idée.

La naissance d'un enfant, surtout d'un fils, est généralement accompagnée d'une fête ; on regarde le nom donné à l'enfant comme devant avoir une influence sur sa vie et on s'en remet parfois au hasard pour lui donner le premier nom de bon augure que l'on entend résonner. Très souvent on lui choisit un saint comme patron. Les indigènes algériens appelleront par exemple leur fils Baghdàdi, Qouîder, Djîlâni, Djelloûl en l'honneur en l'honneur de Sîdî 'Abdelqâder el Djîlânî, ou encore Cha'îb ou Bou Mdièn en l'honneur du célèbre Sîdî Cho'aïb Aboû Medièn de Tlemcen. Au reste les cérémonies qui accompagnent la naissance, la circoncision, le mariage, très variées, et qui n'ont encore été encore été ici l'objet d'aucune étude scientifique, ne se rattachent pas directement à la religion musulmane. La circoncision paraît pratiquée de temps immémorial : son origine, dans l'Afrique du Nord, est tout aussi obscure qu'en Orient et on sait à quel nombre de théories et de controverses cette question a

donné lieu. L'excision des filles est par contre inconnue. Certains indices nous portent à croire que l'infi-
bulation, si elle n'est plus pratiquée, a pu l'être à une
autre époque.

Les funérailles sont l'objet de cérémonies à caractère nettement religieux : le lavage du cadavre, son
ensevelissement dans un linceul, la prière pour le
repos de son âme et la sépulture sont des devoirs obligatoires pour la communauté musulmane (فرض كفاية,
voy. *suprà*, p. 12). Le corps du défunt est conduit au
pas accéléré vers le cimetière pendant qu'on chante
des prières. En Algérie on récite en beaucoup d'endroits la Borda, poème du célèbre El Boûcîrî. La fosse
mortuaire a la profondeur d'un homme pour que le
mort puisse se lever quand Mounkar et Nakîr l'inter-
rogeront. Le corps n'est pas dans un cercueil. La tombe
doit être simple, tout mausolée est interdit. On verra
dans le chapitre suivant que cette prescription religieuse est bien loin d'être observée en Algérie.

Ce sont généralement les t'olba (étudiants) qui
accompagnent les morts et disent les dernières prières ;
au Maroc c'est à eux, dans tous les villages où il y a
une zâouia, qu'incombe la corvée de râcler et de laver
le cadavre. Nous avons dit qu'on récite souvent aux
enterrements la Borda. Ce n'est pas un mince sujet
d'étonnement pour un arabisant que d'entendre les
vingt premiers vers de ce poème chantés pendant des
funérailles. Le poème, il est vrai, est consacré à la
louange du Prophète, mais le début, comme celui de
la plupart des *qacîda* arabes, est employé par le poète
à déplorer le départ de sa maîtresse. Il est vrai qu'en
Algérie bien rares sont ceux qui récitent ce poème
en le comprenant.

La Borda compte au nombre des quelques livres qui sont regardés comme sacrés en Algérie ; un autre livre qui est également très révéré, c'est le Dalâïl el-Kheirât (دلايل الخيرات), par Aboû 'Abdallâh Moh'ammed ben Soleimân El Djazoûli († 870 H ; 1465 J. C.), un des sept célèbres patrons de la ville de Maroc. C'est un recueil de prières qui est tellement vénéré que des individus prennent son titre comme nom patronymique. Nous connaissons un moqaddem qui s'appelle Delîl el-Kheirât (on dit vulgairement « delîl » au lieu du pluriel dalâïl).

Les fêtes prescrites par la loi musulmane sont :

1° *El âchoûra* (العاشورى), qui tombe le 10 de moh'arrem. « Dieu a protégé ce jour-là dix grands phrophètes : 1° Moïse en le sauvant des eaux ; 2° Abraham en apaisant la fournaise dans laquelle il avait été précipité ; 3° Salomon, en lui restituant son fameux anneau ; 4° Adam lors de ses démêlés avec le Diable ; 5° David qui avait perdu sa couronne ; 6° Idrîs en le gardant dans le paradis ; 7° Job, en l'arrachant à ses épreuves ; 8° Jonas à son poisson ; 9° Noé qui fut préservé du déluge ; 10° Jésus, en l'empêchant d'être crucifié par les Juifs. » Telle est, d'après Mouliéras, la croyance marocaine. Les trois faits que l'on commémore principalement sont, d'après les jurisconsultes : 1° la réunion d'Eve et d'Adam qui, après avoir été expulsés du paradis, se cherchèrent pendant deux cents ans sans se trouver ; 2° la sortie de Noé de son arche ; 3° la mort de H'oséin, petit-fils de Mahomet, qui trouva le martyre à Kerbela en 61 H.

2° *Mawlid en-nabi* (مولد النبى), la Nativité du Prophète, appelée dans le Nord de l'Afrique la fête d'El-

7

Moûloûd. Elle a toujours eu dans ces pays un éclat tout particulier. Les rois de Tlemcen en particulier sont connus par le faste avec lequel ils la célébraient : leurs histoires nous ont transmis le récit détaillé des cérémonies pompeuses qui avaient lieu à cette occasion et le texte des poésies, parfois composées par le sultan lui-même, que l'on y récitait en l'honneur du Prophète. Une des coutumes les plus curieuses est celle qu'ont les musulmans algériens de se faire cadeau de bougies ou de cierges plus ou moins beaux le jour de la fête du Moûloûd. Les élèves en offrent à leurs maîtres et on en porte dans tous les sanctuaires. Cet usage fait penser involontairement à notre Chandeleur.

On célèbre aussi la fête de la nativité de la plupart des saints importants et ces moûloûd sont loin d'être les moins suivis ; les marocains célébrent même, paraît-il, une Toussaint musulmane ;

3° *'Id* (*'Aïd*) *el-fit'r*, appelée généralement ici *el 'aïd eç-çeghir* (العيد الصغير), c'est-à-dire la petite fête, qui clôture le jeûne du Ramadhân et qui, en dépit de son nom, est peut-être la plus grande fête de l'année : les réjouissances y sont en proportion des privations d'un mois entier de jeûne.

4° *'Id* (*'Aïd*) *el-qorbân*, la fête des sacrifices (عيد الفربان) que l'on appelle surtout *el 'aïd el kebîr* (العيد الكبير), c'est-à-dire la grande fête. On l'appelle aussi la fête du mouton, parce que généralement on sacrifie un mouton. Elle tombe le 10 du mois de Dzoû l-H'idjdja, le jour même où ont lieu les sacrifices des pèlerins à Mina. Il n'est si pauvre famille qui, ce jour-là, ne tienne à honneur d'égorger un mouton. Ce sacrifice est souvent accompagné de la recherche de

présages dans l'écoulement du sang ou dans la con-
texture de l'omoplate de la victime.

En dehors de fête des moutons, les sacrifices sont,
nous l'avons déjà vu (*supra*, p. 47) d'un usage fréquent chez les musulmans de l'Algérie. Il y aura, à ce
sujet, une étude assez curieuse à faire. Il n'est pas
besoin de se déranger beaucoup pour voir des sacrifices : tous les mercredis à Saint-Eugène, près Alger,
les femmes arabes font des sacrifices à la « fontaine
des génies ». On sacrifie du reste en maintes autres
circonstances : Haedo nous a rapporté les rites des
sacrifices qui avaient lieu à Alger sous les Turcs lors
du lancement d'un navire ; lorsqu'une source est mise
à jour par les plongeurs de l'Oued Ghîr, on jette
dedans des mets tous préparés, du moins cet usage exis-
tait jadis ; on répand du café entre les jambes du
cheval d'un chef influent ; dans la petite Kabylie, si
celui qui avait demandé une fille en mariage sans
l'obtenir, parvenait à égorger un chevreau sur le seuil
de la porte des parents, leur fille était à lui ; au
Maroc, la protection d'un homme influent, en vue de
voyager en sécurité, s'achète, et le contrat est consacré par un sacrifice, à telle enseigne que cette protection prend le nom de *dzebih'a* (ذبيحة, sacrifice) ; la
tribu qui demande du secours à une autre vient, au
Maroc, faire un sacrifice sur les marchés de celle-ci,
et ce sacrifice s'appelle *'âr*, c'est-à-dire « honte »
(عار), etc. etc...

En outre des fêtes religieuses, les indigènes du Nord
de l'Afrique célèbrent certaines fêtes qui, au lieu de
correspondre à telle ou telle date de l'année musulmane, sont fixées à certaines époques de l'année

solaire. On sait en effet que les indigènes se servent encore de l'année julienne ; l'année musulmane n'a pu détrôner celle-ci et les noms de nos mois en particulier sont encore en usage dans l'Afrique Mineure sous leur forme latine. Les fêtes auxquelles nous faisons allusion sont donc d'antiques survivances.

Dans l'Aurès, la fête de Boû Inî (bonus annus) correspond à notre Noë . Chez les marocains une nativité de Jésus, *milâd 'Aïsâ* (ميلاد عيسى) est célébrée dix jours avant l'époque correspondant à notre jour de l'an. Le jour de l'an se célèbre également dans l'Aurès sous le nom de *Inâr* et au Maroc sous celui de *Iennâïr*, dans lesquels il ne faut pas être grand clerc pour retrouver *Januarius*. Des rogations au printemps sont célébrées çà et là, ainsi que des fêtes d'automne, correspondant aux vendanges. Nos feux de la Saint-Jean sont connus des indigènes algériens qui les allument et célèbrent ce jour là la fête d'*el 'ançra* (العنصرة), vieux mot hébraïque qui servait déjà aux Maures d'Espagne pour célébrer la Saint-Jean, laquelle est connue aussi des marocains et fêtée par eux.

N'oublions pas, à côté de cela, le singulier carnaval que l'on célèbre encore tous les ans à Ouargla, avec déguisements, danses, etc., et qui se retrouve, plus caractérisé encore, au Maroc, dans le Rif, dans les Djebâla, dans les Brâber, dans le Soûs. Là, sous des travertissements grossiers, des acteurs tournent en ridicule les magistrats musulmans, les caïds, le makhzen. Rien n'est sacré pour eux : on récite un Sîdî Khelîl burlésque et, fait extraordinaire, la prière elle-même est un objet de dérision (Mouliéras).

Ce sont là, évidemment, des survivances antiques

et dont il serait, dès à présent, téméraire de vouloir indiquer l'origine. Plus antiques encore sont les vestiges de litholâtrie et de dendrolâtrie que nous avons déjà signalés et qui persistent toujours : il y a telle tribu du Maroc où, sur une pierre levée, placée devant la mosquée, on sacrifie encore poulets et chèvres.

Des croyances aussi très répandues sont celles qui sont relatives aux génies, aux *djinn*, mot popularisé maintenant en France par le poète. Les traditions musulmanes, comme les traditions chrétiennes, admettent une classe d'êtres intermédiaires entre l'homme et l'animal, mais participant surtout du premier. Il y a à ce sujet tel passage fort explicite dans Saint-Jérôme. Le Sahara surtout passe pour être peuplé de *djenoûn* (جنون, pluriel de *djinn*). Les gazelles, dit-on, sont les chèvres des djenoûn. Il y a de ces génies qui[1] attaquent les voyageurs à coups de bâton ; d'autres poursuivent les femmes ; d'autres au contraire ont le corps de femmes d'une beauté accomplie ; on en cite qui ont pu se faire épouser par des hommes et leur ont naturellement causé une foule de malheurs. Les génies les plus redoutés sont les génies noueurs d'aiguillettes qui se plaisent à jouer de malins tours aux soupirants, quand ceux-ci croient arriver au but de leurs désirs.

Il nous faudrait encore consacrer ici un chapitre à l'occultisme ; pour les Grecs, tout thessalien était un sorcier ; pour les musulmans tout maghribin et pour les maghribins tout marocain a la connaissance des sciences occultes ; divination d'après des chiffres, des calculs ; d'après les lignes de la main ; d'après des lignes tracées sur le sable ; d'après le sang des victimes sacrifiées , d'après les omoplates ; d'après les étoiles ; d'après les songes; tout cela est familier aux marocains. Nos indigènes croient profondément à toute cette sorcellerie ; l'*istikhâra* (استخارة), par laquelle on s'endort dans l'intention d'être inspiré en songe sur tel ou tel parti à prendre et que les Nasamons d'Hérodote pratiquaient déjà, est connue de tous nos musulmans.

On croit aussi fermement aux amulettes, en arabe *h'erz* (حرز), et ceux qui se livrent à l'*yoqcha* (يفشة), c'est-à-dire à l'art d'écrire ces talismans, font sur les marchés arabes une concurrence victorieuse aux médecins. On trouvera, dans l'ouvrage de Depont et Coppolani, d'intéressants détails à ce sujet. Bornons-nous à dire que les amulettes sont tout simplement de petits carrés de papier où un t'aleb a écrit des prières, des formules coraniques ou des mots cabalistiques de manière à former des dessins plus ou moins bizarres.

De toutes parts en un mot, et comme cela se produit en toute religion, d'antiques croyances, d'anciens cultes sourdent à travers l'islamisme et réservent à ceux qui auront su les étudier les plus intéressantes découvertes sur le passé encore si obscur de nos indigènes.

IX.

Les sanctuaires et les édifices religieux : marabouts, mosquées, zâouias

Les peuples, avons-nous dit plus haut, ont presque toujours prié aux mêmes lieux et cela se vérifie aussi bien dans l'Islâm algérien que dans toute autre religion. Les sanctuaires musulmans occupent pour la plupart des places que d'autres sanctuaires avaient occupés avant eux : actuellement ces sanctuaires sont tous en principe des tombes de marabouts, où l'on vient solliciter l'intercession du saint. Elles sont généralement placées sur des hauteurs, et l'on n'a pas manqué de rappocher ce fait du culte des Hauts-Lieux dont il est parlé dans la Bible ; par exemple I Rois, III, 2 : « Le peuple sacrifiait seulement dans les hauts-lieux, parce qu'alors on n'avait point bâti de maison au nom de l'Eternel. » On peut du reste faire semblable remarque chez nous-mêmes : Notre-Dame de la Garde, à Marseille ; Notre-Dame de Bon-Secours, à Rouen ; Notre-Dame-d'Afrique, à Alger, et tant d'autres, sont situées sur des hauteurs tout comme les innombres édicules dédiés par les musulmans à Sîdî 'Abdelqâder el-Djîlânî, qui a mérité d'être appelé par les indigènes *T'îr el Merâgueb* (طــيــر الــراقـب) c'est-à-dire « l'oiseau des vigies ».

Ces sanctuaires qui constellent toute l'Afrique du Nord et dont chacun rappelle le souvenir de quelque marabout, au point qu'on les appelle eux-mêmes des *marabouts*, prenant ainsi le contenant pour le contenu, ces sanctuaires, disons-nous, sont excessivement variés dans leurs formes : il y a tous les degrés depuis le simple tas de pierres qui recouvre la dépouille du saint et qui n'est pas le moins vénéré, jusqu'au mausolée magnifique, tel que celui de Sîdî Boû Mdièn (Sidi Boumédine) à Tlemcen.

La forme la plus simple est un amas de cailloux, nommé *nzâ*, auquel chaque fidèle ajoute généralement sa pierre : les nzâ sont surtout communes dans le Sahara où l'absence de matériaux permet difficilement d'élever des constructions. Elles servent soit à indiquer l'endroit où un marabout est mort, soit le plus souvent à perpétuer le souvenir d'un miracle accompli en cet endroit. Dans le Tell, les *mzâra* (مزارة) c'est-à-dire les sanctuaires où l'on se rend en pélerinage, consistent le plus souvent soit en un simple cercle de pierres sèches, soit en un petit mur formant une enceinte carrée de quelques décimètres de hauteur, soit en une véritable enceinte maçonnée et blanchie à la chaux, suivant la richesse du douâr ou du village : c'est la *h'aouît'a* (حويطة, enceinte), la forme la plus répandue du marabout. Pas de village, de *mechta*, de *zrîba* qui n'ait sa h'aouît'a où l'on va sacrifier au marabout vénéré, dont au reste le nom est le plus souvent inconnu : on y vient brûler des bougies, de l'encens, on y laisse des poteries telles que lampes, brûle-parfums, et il n'y a guère d'exemples que ce que l'on y abandonne soit dérobé. Le village ou le douar est-il plus riche, a-t-il pour son marabout une plus grande vénération, il édifie à son saint un petit temple avec une *qoubba* (قبّة), c'est-à-dire une coupole.

Tout ceux qui ont visité l'Algérie connaissent ces petits édifices carrés, blanchis à la chaux, recouverts d'un dôme, dans lesquels se trouve un catafalque orné d'étoffes plus ou moins riches et placé au-dessus d'une tombe. Dans les murs des niches contiennent des lampes en terre, dans les angles sont placés des drapeaux multicolores que l'on sort pour les processions. Souvent, bien qu'il y ait un catafalque, le saint n'est pas enterré dans l'édifice : des centaines de qoubba, en l'honneur de Sîdi 'Abdelqâder el-Djilânî, s'élèvent dans toute l'Algérie et cependant le corps du saint ne se trouve qu'à Baghdâd. Dans ce cas, l'édifice n'est qu'un *maqâm* (مـقـام, reposoir), destiné à perpétuer la mémoire du saint. En fait, la foule ne fait pas de différence entre le *maqâm* et le vrai tombeau d'un marabout, et le culte est le même dans les deux cas.

La qoubba est généralement hémisphérique, mais dans mainte région elle a une forme plus ovoïde, plus pointue ; assez rarement l'architecte a donné caprice à sa fantaisie et a adopté des formes plus compliquées, avec arêtes, donnant à la qoubba une section polygonale. Les habitants de l'île de Djerba élèvent au-dessus de leurs temples une sorte d'édicule cylindro-conique, dont la signification n'est pas très bien déterminée ; certains auteurs (Bertholon) y voient un souvenir du culte des pierres levées.

Il n'est guère douteux, en effet, que les cultes maraboutiques actuels aient succédé à d'autres plus antiques, parmi lesquels le culte des pierres a certainement occupé une place importante. On sait combien les monuments mégalithiques sont répandus en

Algérie : un grand nombre de *mzára* sont établis sur des cercles de pierres ou *cromlechs* encore en place. De même les cultes païens de l'époque romaine ont été transformés en cultes maraboutiques : on a des exemples de noms de divinités indigènes ayant persisté après l'islamisme et s'étant adaptés à cette religion. Les églises chrétiennes, si répandues dans l'Est du Maghrib pendant la période romaine, se sont transformées en oratoires musulmans, en mosquées, et le mot *ecclesia*, arabisé sous la forme *knisa* (كنيسة), sert encore, en Tripolitaine, à désigner des sanctuaires musulmans.

Un grand nombre de marabouts sont élevés à l'ombre d'un ou plusieurs arbres ; le plus souvent c'est un olivier séculaire qui ombrage soit une qoubba, soit une modeste mzàra : aux branches de l'arbre flottent ces chiffons suspendus, suivant un usage répandu sur la terre entière, en guise d'ex-voto, par les mains des fidèles. Quelquefois l'arbre est seul et il n'y a pas de marabout auprès de lui, ou plutôt c'est lui même qui est un « arbre marabout ». Ce sont là, à n'en pas douter, les survivances d'une antique dendrolâtrie. — Souvent aussi, le sanctuaire du marabout est en rapport avec une source ; parfois, si la source est accompagnée d'un réservoir, on y voit nager des poissons réputés sacrés et auxquels on ne pourrait toucher sans encourir la malédiction du saint.

Lorsque le marabout est d'une célébrité exceptionnelle, on voit s'annexer à son mausolée une mosquée et une zâouia, qui forment un ensemble de bâtiments considérable : tels sont les tombeaux de Sîdî Boû Mdièn à Tlemcen, de Sîdî 'Abderrah'mân ets-Tsa'labî à Alger, de Sîdî l-Kettânî à Constantine, qui peuvent passer parmi les plus délicats produits de l'architecture maghribine. Nous ne pouvons résister au plaisir de citer ici la description du mausolée de Sîdî Bou Mdièn, par Brosselard (*Revue Africaine*, IV, n° 20, déc. 1839, p. 83). Elle donnera une idée précise de ce chef-d'œuvre de notre achitecture indigène.

« L'entrée s'ouvre sur la même galerie qui donne accès à la mosquée, en face du portail de ce dernier édifice. On descend, par plusieurs marches, dans une petite cour rectangulaire, sur les quatre faces de de laquelle règne une galerie soutenue par des colonnes de marbre que couronnent des chapiteaux d'onyx translucide sculptés avec un goût fort remarquable... La cour où nous sommes peut être considérée comme le vestibule (الدهليز) du tombeau. Elle est carrelée en petits carreaux de faïence blancs et noirs qui forment damier. A l'angle de la galerie de droite est un puits, dont l'eau fraîche et limpide est réputée pour sa merveilleuse saveur, et passe pour être salutaire entre toutes. Il s'agit de l'opinion des musulmans, on le croira sans peine ; le doigt de Sîdî Bou Mdièn n'est-il pas là ? La margelle de ce puits est en marbre et les curieux y remarquent avec intérêt les entailles profondes creusées par le frottement de la chaîne de fer qui sert, depuis un temps immémorial, à puiser le breuvage sanctifié. De ce vestibule, qui est comme la salle d'attente, où les visiteurs ont l'habitude de se reposer avant de pénétrer dans le sanctuaire, on entre de plein-pied dans la crypte où se dresse majestueusement le cénotaphe en bois sculpté sous lequel reposent les restes de l'ouali. De riches étoffes

de brocart d'or et d'argent recouvrent de leurs drape-
ries chatoyantes ce monument funéraire ; cent ban-
nières de soie, aux couleurs islamiques, chargées
d'inscriptions commémoratives, l'abritent sous leurs
plis flottants. La muraille est tout à l'entour tapissée
d'étoffes luxueuses ou mesquines, de cierges coloriés
grands et petits, d'œufs d'autruches bariolés et de
petits tableaux peints par des mains dévotes, qui
représentent, sans trop de respect pour les règles de
la perspective, la Ka'ba de la Mecque. Ce sont des
âmes souffrantes ou reconnaissantes, des riches et des
pauvres, des h'âdjdj au retour du pèlerinage, qui ont
déposé là ces pieux ex-voto.

La crypte est monumentale, carrée à sa base, elle
mesure quatre mètres de côté. Une coupole sphérique
en forme le couronnement. Le jour n'y pénètre que
par d'étroites ouvertures cintrées, à travers des
vitraux de couleurs qui tamisent la lumière, et en
rendent les reflets plus doux à l'œil. Nul lieu ne
prête davantage au recueillement. Les parois, de la
base au faîte, sont entièrement refouillés. C'est une
étonnante profusion d'arabesques du style le plus pur,
le plus correct, le plus gracieux. L'ornementation
polychrôme elle-même a conservé son éclat. Tel est
l'ensemble de ce monument qui séduit l'œil le moins
exercé. Mais si un goût fin et délicat, amoureux des
détails, cherche à pénétrer plus avant dans les mille
secrets de cette splendide décoration architecturale, il
y découvrira un art si varié, si ingénieusement
nuancé. tant d'originalité dans la composition, tant
d'habileté fantaisiste dans l'agencement des lignes, un
tour si imprévu dans la forme, une désinvolture si

capricieuse, une broderie si rare et si exquise, qu'il sera frappé de la difficulté d'analyser et, bien plus encore, de décrire une œuvre aussi éblouissante. Il faudrait y renoncer ; mieux vaut la voir, la sentir et l'admirer. On peut affirmer, sans appréhender de contradiction, que le mausolée de Sîdî Boû Mdièn est le plus remarquable édifice de ce genre qui existe dans notre Algérie. Celui de l'oualî Sîdî 'Abderrah'mân ets-Tsa'labî, à Alger, a du mérite, il est vrai ; on le cite souvent, et il est digne d'être visité ; mais, outre qu'il est d'une date plus récente, on voit trop qu'il appartient à un art mesquin et en décadence : toute comparaison serait déplacée. La même réflexion peut s'appliquer, sans trop d'injustice, aux divers monuments que la ville de Constantine, si riche d'ailleurs de son propre fonds, a consacrés à la mémoire de ses plus fameux *ouali.* »

Si la mosquée est le plus souvent en relation avec le tombeau d'un marabout, elle ne doit pas être considérée comme accessoire à ce tombeau. En principe, au contraire, la mosquée est le seul temple reconnu, car il paraît bien que le pur et primitif Islâm n'admet pas le culte des saints. Mais, bien qu'un certain nombre de mosquées soient indépendantes de tout tombeau de saint, en fait, la mosquée apparaît presque toujours en relation avec le culte rendu à un marabout.

Le mot *mosquée* qui vient de l'arabe *mesdjid* (مسجد, lieu où l'on se prosterne devant Dieu pour l'adorer) s'écrivait autrefois *moschete*, *musquette* et *meschite*. Le mot *mçallâ* (مصلى) désigne aussi tout endroit où l'on prie, un oratoire : dans mainte région on l'applique à une aire battue sur laquelle on dit la prière en

plein air. Dans certaines villes musulmanes, le *mçallá*
est la place où se tiennent les fidèles lors de certaines
grandes cérémonies, pendant lesquelles l'affluence est
si grande que la mosquée ne peut contenir qu'une
faible partie de la foule des croyants. Le mot *djâma'*
(جامع) désigne proprement la mosquée, c'est-à-dire
l'endroit où l'on se réunit pour faire la prière aux
heures légales et sous la direction d'un *imâm* attaché
à l'établissement.

On distingue dans une mosquée :

1° Le *mihráb* (محراب), qui est une sorte de niche
orientée vers la *qibla* (قبلة) ou direction de la Mecque
et par conséquent de la sainte Ka'ba. C'est la partie
sacro-sainte de la mosquée : elle est d'habitude tapissée de faïences, encadrée de colonnes, de divers
motifs de sculptures, d'inscriptions tirées du Coran.

2° La grande nef ou salle couverte où les croyants
se réunissent. C'est elle qui donne sa forme au bâti-
ment. Cette forme peut, comme l'expliquait récemment Waille dans un intéressant article, se ramener
à trois types (*Rev. Africaine*, XLIII, n° 232, 1er trim.
1899, p. 8) :

« Tantôt l'enclos consiste en des portiques rectan-
gulaires, comme à la Mecque ou comme à la mosquée
de 'Amr (VIIe siècle), au Caire. Deux mosquées
d'Alger, à plan carré, décrites par Devoulx, et aujour-
d'hui disparues (qui se trouvaient, l'une place du
Gouvernement et l'autre rue du Divan), semblaient
se rapprocher de cette disposition. Parfois l'édifice a
la forme d'allées ombreuses, de nefs multiples qui
s'entrecroisent comme les avenues d'une forêt de
colonnes. C'est le cas de la grande mosquée de Cor-

doue, de la mosquée d'El Azhar, au Caire, et de la
mosquée de la rue de la Marine (Grande Mosquée) à
Alger. Cette dernière, consacrée au rite mâlikite, est
fort antérieure à l'établissement de la domination
turque. Elle date du XIe siècle et son minaret, élevé
par un roi de Tlemcen, du XIVe. C'est à la fois la
plus ancienne et la plus poétique des mosquées d'Alger, avec sa cour à ciel ouvert ornée d'une vasque
de marbre et plantée d'orangers, d'un bel effet par le
clair de lune, avec ses onze travées constituées par
des piliers quadrangulaires blancs, supportant des
arceaux en ogive festonnés....... Un troisième type
de mosquée, c'est le type à coupole ou type byzantin,
que la prise de Constantinople par les Turcs et la
transformation de Ste-Sophie en mosquée modèle a
pu contribuer à mettre la mode et à rendre plus fréquent, mais qui était affectionné par les sectateurs de
Mahomet bien auparavant. La fameuse mosquée de
'Omar, à Jérusalem, bâtie vers 646 par des architec-
tes grecs, est déjà surmontée d'une belle coupole....
La mosquée de la Pêcherie, à Alger (du rite h'anafite), qui est du XVIIe siècle, et qu'on appelle
El Djâma' el Djedîd, « la mosquée neuve », par rapport à celle de la rue de la Marine, qui est beaucoup
plus ancienne, rentre dans cette catégorie des mosquées à coupole. L'intérieur, dont le plan, en forme
de croix latine, rappelle tout à fait celui d'une église,
avec chevet, transepts, grande nef et nefs latérales,
est surplombé d'un dôme que décorent des chevrons
verts, jaunes et rouges et des inscriptions sacrées.
Du dehors, cette grande coupole ovoïde, percée de
quatre fenêtres orientées aux quatre points cardinaux

et flanquée de quatre petits dômes à pans, offre un
agréable aspect qui, aux jours d'illumination publique, avec le scintillement de ces tiares constellées,
devient facilement féerique ».

3° Le *minaret*, en arabe *çawm'a* (صومعة), est la
tour du haut de laquelle, cinq fois par jour, le
mouadzdzin (muezzin, مودّن) lance d'une voix reten-
tissante l'appel à la prière. Sa forme et sa décoration
sont très variables ; quelques-uns sont tapissés de
charmantes arabesques : à Tlemcen, en particulier,
on peut étudier une série intéressante de minarets
carrés qui, bien que lourds et massifs dans leur
allure générale, offrent dans le détail, de ravissants
motifs. Le minaret, malheureusement à moitié ruiné,
d'El Mançoûra est construit sur le plan de la Kou-
toubia de Maroc et de la Giralda de Séville. En Algérie les minarets sont carrés : dans le sud, ils sont
très-amincis vers le haut, le peu de solidité des matériaux ne permettant pas de leur donner la forme
prismatique. Quelques-uns ont même la forme d'un
véritable tronc de cône. A Tunis, comme en Egypte,
les minarets sont habituellement cylindriques.

4° Le *minbar* (منبر), chaire dans laquelle se fait
la *khot'ba* ou prône. C'est une estrade, à laquelle on
accède par un escalier. Les formes en sont très-varia-
bles et c'est un des motifs sur lesquels se sont souvent
exercées avec le plus de succès l'architecture et la
menuiserie arabes.

5° La fontaine des ablutions (*beit el oudhoû*, (بيت
الوضوء) et divers autres réduits, latrines publiques,
logements pour les voyageurs, etc........

Les plus anciennes mosquées d'Algérie sont toujours couvertes de tuiles : il en est ainsi de la grande Mosquée et de la Mosquée de Sîdî Ramdhân, à Alger, qui sont toutes deux antérieures à la domination turque. Cette dernière, fort simple, massive, sans décoration, est un bel exemple de la manière indigente dans laquelle les Berbères ont imité le plan des grandes mosquées espagnoles. La mosquée de Sîdî Ramdhân reproduit en effet la disposition de la célèbre mosquée de Cordoue, mais avec quelle pauvreté, quelle lourdeur dans l'ensemble, quelle grossièreté dans les détails, quelle imperfection dans la construction !

Comme ceux des synagogues et des temples protestants, les murs des mosquées ne portent point d'images ; on sait que la religion musulmane a rigoureusement proscrit la représentation des êtres vivants, comme si le génie créateur de l'artiste était un sacrilège empiètement sur les droits du Créateur souverain. Cette nudité est largement rachetée en général par le grand nombre des colonnades, par les inscriptions canoniques qui courent le long des murs et enguirlandent les portiques, par l'abondance des tentures apposées aux murs, des nattes et des tapis étendus par terre et sur lesquels il est d'usage de ne marcher qu'après s'être déchaussé. Au contraire, à l'extérieur, les murs de la mosquée, soigneusement blanchis à la chaux, sont absolument nus et cette blancheur éclatante jointe à la sobriété des lignes est sous le ciel africain du plus heureux effet.

Lorsqu'au tombeau d'un saint, près duquel vivent les marabouts, ses descendants, vient s'adjoindre une mosquée, une école ou médersa, des logements pour

les pélerins, l'ensemble s'appelle une *zâouia* (زاويـة).
Lorsqu'elle est complète, la zâouia est un véritable
monastère. « Dans celle-là, dit excellemment Rinn, à
côté de moines ou religieux (marabouts), hôtes habituels de l'établissement, se trouvent des serviteurs,
des clients et toute une population flottante d'étudiants qui viennent suivre les cours professés, de
malheureux qui viennent chercher un refuge et un
asile, de pélerins venant faire leur dévotions, et enfin
de voyageurs et mendiants demandant un gîte passa-
ger ou une aumône. Ces sortes de zâouias se rencon-
trent surtout aux mains des vieilles familles maraboutiques..... Quant aux zâouias appartenant aux ordres
religieux, elles ne sont guère en dehors des maisons
mères et des maisons provinciales que des établissements d'une importance peu considérable. Quelques-
unes même se réduisent à de simples maisons près desquelles l'enseignement se donne en plein air et qui ne
sont en réalité que des lieux de réunion accidentels
ou périodiques ».

Les zâouias du premier type donnent une large
hospitalité et, à ce titre, ces établissements ont rendu
au peuple indigène de grands services. On ne peut
s'imaginer la population flottante qui grouille autour
des grandes zâouias marocaines, comme la zâouia
d'Ouazzàn, où l'hôte est nourri, tant qu'il reste, sans
qu'on lui demande quoi que ce soit. L'hospitalité
exercée dans de telles conditions suppose évidemment
des ressources proportionnées ; toutes les zâouias
avaient, à cet effet, des immeubles dits *h'obous*, légués
par des fidèles : le h'obous ou *waqf* est, disent les
jurisconsultes, une chose qui ne se consomme pas ou

ne diminue pas, dont la propriété est réputée apparte-
nir à Dieu, pendant que la personne ou l'établissement, en faveur de qui cette chose a été faite h'obous,
en a l'usage et en perçoit les revenus.

Les zàouias possédaient donc à titre de h'obous des
propriétés de différentes natures et qui constituaient le
plus clair de leurs ressources : le Gouvernement français a mis la main sur tous ces h'obous, à charge
par lui de subvenir aux frais du culte musulman. Ce
fut probablement une faute : cette mesure irrita
vivement les musulmans et fut sans doute une
des causes profondes pour lesquelles les marabouts
nous firent une guerre si acharnée.

Il ne reste donc plus aujourd'hui aux zàouias,
comme ressources, que les tributs de diverses natures
prélevés par les marabouts et le produit des offrandes,
connues sous le nom de *ziâra*, dont nous avons déjà
parlé ; et, naturellement, la ziâra a dû augmenter
pour couvrir le déficit provenant de la disparition des
h'obous. Il eût mieux valu maintenir ceux-ci, dont
le revenu était clair, facile à évaluer et dont nous
aurions pu, du reste, contrôler l'administration. Mais
ce sont là des regrets superflus et il n'y a pas à reve-
nir sur la suppression des h'obous : aussi bien les
mauvais effets de cette mesure sont-ils depuis longtemps effacés.

Une des prérogatives des zàouias qui a aussi
disparu par la conquête, c'est le droit d'asile
qu'avaient la plupart d'entre elles. Il en est encore
ainsi au Maroc où les grandes zàouias servent très
souvent d'asiles à des fugitifs. Bien que cet asile ait été
maintes fois violé, cependant le makhzen y regarde à

deux fois avant d'arracher par la force un criminel du sanctuaire. La première chose qu'on fait lorsqu'on en poursuit un est de lui barrer le chemin des zàouias. En Algérie, où il n'y a plus de droit d'asile, le territoire qui entoure les agglomérations maraboutiques est réputé *h'aram*, ou sacré (حرم, enceinte sacrée). On commence à prier dès qu'on est en vue de certains tombeaux et les dévóts baisent la terre dès qu'ils arrivent à l'enceinte sacrée. On n'y pénètre pas à cheval ; on met pied à terre, par exemple en Kabylie, chaque fois que l'on traverse un village de *chorfa*.

X

L'islâm officiel : notre clergé musulman algérien ; l'enseignement supérieur musulman.

Nous avons écrit plus haut que le Gouvernement français, en rattachant purement et simplement au domaine les biens h'obous, avait donné comme raison qu'il prenait à sa charge l'entretien du clergé musulman en Algérie. Il a tenu cette promesse ; non seulement il a conservé, mais il a considérablement augmenté et il a organisé régulièrement le personnel du culte musulman. On a fait remarquer qu'en réalité, dans aucun état musulman, il n'y a de clergé aussi régulièrement constitué que le nôtre : cela est certain, mais nous ne pouvions que gagner, dans les conditions où nous devions administrer, à avoir un clergé entièrement dans notre main et bien organisé. A supposer qu'il n'ait aucun prestige, au moins n'a-t-il aucune influence mauvaise pour nous et nous sommes à l'abri du reproche qu'on aurait pu nous faire si nous n'avions pas protégé les prêtres musulmans et témoigné de notre sollicitude à leur égard.

A la tête de chaque établissement nous avons placé un *imâm*, qui dirige la prière et fait la *khot'ba* le vendredi. La prière publique se faisait en 1830 à Alger au nom du souverain de Constantinople : nous avons supprimé naturellement cette prière. Voici la formule qui lui a été substituée et qui, on s'en convaincra, n'est pas compromettante : « Fortifie, ô mon Dieu, quiconque fortifiera la religion musulmane. Vivifie les bons sentiments du cœur de quiconque vivifiera la tradition du Prophète. Protège-nous, mon Dieu, contre les troubles mondains et les peines de l'autre monde, car tu es tout puissant. »

Nous avons donné à quelques imâms le titre de mufti ; ce sont pour nous des chefs de service du culte, c'est tout. En droit musulman, le mufti, ou mieux *moufti* (مفتي), est un jurisconsulte, reconnu et salarié par l'Etat, qui rend des décisions juridiques ou *fetoua* (voy. *supra*, p. 27) auxquelles les cadis doivent se conformer. Il n'y a rien de semblable en Algérie.

Aux mosquées importantes sont attachés : un *mouderrès* qui donne un enseignement public (théologie, droit, etc...) Au point de vue de leur enseignement, les mouderrès ont été récemment placés sous la surveillance des directeurs français de médersas ; des *h'azzâb* (حزّاب, celui qui récite des *h'izb*, voy. *supra*, p. 15), c'est-à-dire des lecteurs du Coran, et

souvent un *bach-h'azzâb*, chef des lecteurs ; un ou
plusieurs muezzin (*mouadzdzin*, مودّن), qui fait l'appel
à la prière; des *nâs el-h'oudhoûr*, ou auditeurs; et
des agents subalternes, gardiens, balayeur, sacrifica-
teurs, etc...

Voici maintenant la liste de tous les établissements
officiels du culte en Algérie, avec l'indication de leur
personnel (1).

Département d'Alger

Grande mosquée d'Alger : 1 mufti, 2 imâms, 1 mouderrès, 1 bâch-muezzin, 1 bâch-h'azzâb, 15 h'azzâb,
9 muezzin, 2 nâs-el-h'oûdhoûr, 1 commis, 1 cha''âl
(allumeur), 1 gardien; 1 'aoun de mufti, 3 balayeurs.

Mosquée de la Pêcherie, à Alger (rite H'anafite) :
1 mufti, 2 imâms, 1 mouderrès, 1 bâch-h'azzâb,
6 h'azzâb, 1 muezzìn, 2 nâs-el-h'oudhoûr, 3 balayeurs, 1 'aoun de mufti.

Mosquée Sîdî-Ramdhàn, Alger : 1 imâm, 1 mouderrès,
1 bâch-h'azzâb, 6 h'azzâb, 1 muezzin, 2 nâs el-
h'oudhoûr, 2 balayeurs.

Mosquée Kléber ou Safir, à Alger (rite H'anafite) :
1 imâm, 1 mouderrès, 1 bâch-h'azzâb, 5 h'azzâb,
1 muezzin, 3 nâs el-h'oudhoûr, 2 balayeurs.

Mosquée de Sîdî 'Abderrah'mân, à Alger : 1 imâm,
1 desservant, 1 h'azzâb, 1 cheikh el-H'adhra, 1 sa-
crificateur, 1 t'ebbâkh, 1 balayeur.

(1) Beaucoup de ces mosquées ayant des noms qui nous
sont inconnus, nous avons dû, en maintes circonstances,
conserver l'orthographe administrative ; nous avons également respecté les noms consacrés par l'usage.

Mosquée de Sîdî Mh'ammed Ech-Cherîf, Alger :
2 imâms, 2 balayeurs.

Mosquée de Sîdî Mh'ammed 'Abderrah'mân, Alger :
1 imâm, 1 desservant, 1 balayeur.

Mosquée Sîdî Ouali-Dâda, Alger : 1 imâm, 1 desservant, 1 balayeur.

Mosquée Sîdî-Mançoûr (Alger) : 1 imâm.
—   Sîdî-Ben 'Alî   —   : 1 imâm.
—   Sîdî-Boûgdoûr   —   : 1 imâm.
—   Sîdî-'Abdallâh   —   : 1 imâm.
—   Ben-Rekissa   —   : 1 imâm.
—   H'ammâma   —   : 1 imâm.
—   Sîdî-Brahîm (rite H'anafite) : 1 desservant.

Service de l'hôpital civil de Mustapha : 1 imâm.

Mosquée d'El-Biar : 1 imâm.
—   de Draria : 1 imâm.
—   de Bouzaréa : 1 imâm.
—   de Tixeraïn : 1 imâm.
—   de Kouba : 1 imâm.
—   de Birkadem : 1 imâm.
—   de Birmandreis : 1 imâm.
—   de Saoûla : 1 imâm.
—   de Chéragas : 1 imâm.
—   de Crescia : 1 imâm.

Mosquée de Sa'doûn (Blida) : 1 mufti, 1 imâm,
1 mouderrès 1 bâch-h'azzâb, 2 h'azzab, 1 muezzin,
1 'aoun de mufti, 1 balayeur.

Mosquée Turqui (Blida) : 1 imâm, 1 bâch-h'azzâb,
2 h'azzâb, 1 muezzin, 1 balayeur.

Mosquée d'Aumale : 1 mufti, 1 imâm.

Mosquée de Koléa : 1 imâm, 1 muezzin.

Mosquée de Cherchell : 1 mufti, 1 muezzin, 1 h'az-zâb, 1 balayeur.

Mosquée de Dellys : 1 mufti, 1 muezzin, 1 h'azzâb, 1 balayeur.

Mosquée M'âlikite de Médéa : 1 mufti, 1 imâm, 1 mouderrès, 1 muezzin, 1 h'azzâb, 1 balayeur.

Mosquée H'anafite de Médéa : 1 imâm, 1 muezzin, 1 h'azzâb, 1 balayeur.

Mosquée de Boghari : 1 imâm.

Mosquée de Miliana : 1 mufti, 1 mouderrès, 1 muezzin, 1 bâch-h'azzâb, 2 h'azzâb, 1 'aoun de mufti, 1 balayeur.

Mosquée de Ténès : 1 mufti, 1 muezzin, 1 h'azzâb, 1 balayeur.

Mosquée de Tizi-Ouzou : 1 mufti, 1 mouderrès, 1 h'azzâb, 1 muezzin, 1 balayeur.

Mosquée d'Orléansville : 1 mufti, 1 imâm, 1 muezzin, 1 h'azzâb, 1 balayeur.

Mosquée de Rovigo : 1 imâm.

Division d'Alger

Mosquée de Laghouât : 1 imâm, 1 mouderrès, 2 lecteurs, 1 muezzin, 1 gardien, 1 lampiste.

Mosquée de Djelfa : 1 imâm.
— de Messaad : 1 imâm.
— de Châref : 1 imâm.
— de Zenina : 1 imâm.

Mosquée d'El Ksar : 1 imâm, 1 muezzin, 1 gardien-balayeur.

Mosquée des Monamimer : 1 imâm, 1 muezzin, 1 gardien.

Mosquée de Sîdi H'arkat : 1 imâm, 1 muezzin, 1 gardien.

Mosquée de Chellala : 1 imâm, 1 muezzin, 1 balayeur.

Département d'Oran

Mosquée d'Oran : 1 mufti, 2 imâms, 1 mouderrès, 1 bâch-h'azzâb, 6 h'azzâb, 1 muezzin, 4 nâs-el-h'oudhoûr.

Mosquée de Sîdî l-Hawwârî (Oran) : 1 imâm.
— de Kristel : 1 imâm.
— de Bettioua : 1 imâm.

Etablissement secondaire du Village Nègre (Oran) :
1 imâm.
— de Bou-Sfer : 1 imâm.
— du Sig : 1 imâm.
— d'Aïn-Temouchent : 1 imâm
et 1 muezzin.

Mosquée d'El Mh'al (Mostaganem) : 1 mufti, 1 imâm, 1 mouderrès, 1 bâch-h'azzâb, 6 h'azzâb, 1 muezzin, 2 nâs-el-h'oudhoûr, 1 gardien-balayeur.

Mosquée de Sîdî Yah'ya (Mostaganem) : 1 imâm, 1 muezzin, 1 gardien-balayeur.

Etablissement secondaire de Mostaganem : 1 imâm.

Mosquée de Mazouna : 1 mufti, 3 h'azzâb, 1 muezzin, 1 gardien-balayeur.

Mosquée de Tiaret : 1 imâm, 1 gardien-balayeur.

Mosquée d'Ammi-Moussa : 1 imâm, 1 muezzin.

Etablissement secondaire de Tigditt : 1 imâm.

— de Mazagran : 1 imâm.

— de Bouguirat : 1 imâm.

— des Citronniers : 1 imâm.

— d'Amarna : 1 imâm.

— de Bou H'alloufa : 1 imâm.

— de la Kasbah : 1 imâm.

— de Bou Mata : 1 imâm.

— de Relizane : 1 imâm, 1 muezzin.

Grande Mosquée de Tlemcen : 1 mufti, 2 imâms, 1 mouderrès, 1 bach-h'azzâb, 6 h'azzâb, 1 muezzin, 4 nâs-el-h'oudhoûr, 1 gardien-balayeur.

Mosquée de Sîdî Boumédièn (Tlemcen) : 1 imâm, 3 h'azzâb, 1 muezzin, 1 gardien-balayeur.

Mosquée de Sîdî Brahîm (Tlemcen) : 1 imâm, 3 h'azzâb, 1 muezzin, 1 gardien-balayeur.

Mosquée de Sîdî l-H'alouî (Tlemcen) : 1 imâm, 3 h'azzâb, 1 muezzin.

Mosquée de Nedroma : 1 imâm, 3 h'azzâb, 1 muezzin.

Mosquée du Cheikh Snoûsî (Tlemcen) : 1 imâm, 1 muezzin, 1 gardien-balayeur.

Mosquée de Sîdî Yeddoûn (Tlemcen) : 1 imâm, 1 muezzin, 1 gardien-balayeur.

Mosquée d'Aïn-el-H'oût : 1 imâm, 1 muezzin, 1 gardien-balayeur.

Mosquée de Sîdî l-Ouazzânî (Tlemcen) : 1 imâm, 1 gardien-balayeur.

Mosquée de Bâb Zîr (Tlemcen) : 1 imâm, 1 gardien-balayeur.

Mosquée d'El Ghrîba (Tlemcen) : 1 imâm, 1 gardien-balayeur.

Mosquée d'Ouzidan : 1 imâm, 1 gardien-balayeur.

Mosquée de Lella Rouya : 1 imâm, 1 gardien-balayeur.

Etablissement secondaire de Sîdî Zeid (Tlemcen) : 1 imâm.

— d'Oûlâd el Imâm (Tlemcen) : 1 imâm.

— de Sîdî Bou 'Abdallâh (Tlemcen) : 1 imâm.

— de Sîdî bou Merzoûq (Tlemcen) : 1 imâm.

— de Sîdî Ya'qoûb (Tlemcen) : 1 imâm.

— d'El Gherîba (Tlemcen) : 1 imâm.

— de Sîdî Snoûsî (Tlemcen) : 1 imâm.

— de Sîdî Zekrî (Tlemcen) : 1 imâm.

— d'Imâma (Tlemcen) : 1 imâm.

— de Chorfa (Tlemcen) : 1 imâm.

— de Sîdî Brahîm el-Gherîb (Tlemcen) : 1 imâm.

— d'Ahl Zelboun (Tlemcen) : 1 imâm.

— d'Aïn Doûz (Tlemcen) : 1 imâm.

— d'El-Qala'a (Tlemcen) : 1 imâm.

Etablissement secondaire d'Aïn el-H'adjar (Hennaya):
1 imâm.

— de Melîliya (Hennaya) :
1 imâm.

— de Beni Mest'er (Remchi) :
1 imâm.

Mosquée de Mascara : 1 mufti, 1 imâm, 1 mouderrès, 4 h'azzâb, 1 muezzin, 1 gardien-balayeur.

Mosquée d'El Bordj : 1 imâm, 1 muezzin.
— d'Aïn Beïda : 1 imâm, 1 gardien-balayeur.
— de Saïda : 1 imâm, 1 h'azzâb, 1 muezzin,
1 gardien-balayeur.
— de Frenda : 1 imâm, 1 muezzin.

Etablissement secondaire de Sidi'Ali Boukrine: 1 imâm.
— de Sidi 'Ali ben Mohammed :
1 imâm.

— de Mascara (P. E.) : 1 imâm.

— d'Aïn el Kurth (Mᵉ): 1 imâm.

Mosquée de Sîdî bel Abbès : 1 mufti, 1 -mouderrès,
1 imàm, 1 muezzin, 2 h'azzâb, 1 gardien-balayeur.

Division d'Oran

Mosquée de Géryville: 1 mufti, 1 imâm, 1 muezzin.
— Marnia: 1 imâm, 1 muezzin.
— Kheïder : 1 imâm, 1 muezzin.
— Méchéria : 1 imâm, 1 muezzin.
— Stitten : 1 imâm.
— Bousenghoun : 1 imâm.
— Brezina : 1 imâm.
— Aïn Sefra : 1 imâm.

— Tiout : 1 imâm.

— Khemis : 1 imâm.

— Arbaoust : 1 imâm.

Département de Constantine

Grande mosquée de Constantine : 1 mufti, 1 imâm, 1 mouderrès, 1 bâch-h'azzâb, 1 bâch-muezzin, 15 h'azzâb.

Mosquée de Sîdî l-Kettâni (Constantine) : 1 mufti, 1 imâm, 1 mouderrès, 1 bâch-h'azzâb, 1 bâch-muezzin, 9 h'azzâb.

Mosquée Sîdî Lakbdhar (Constantine) : 1 imâm, 1 bâch-muezzin, 5 h'azzâb, 2 muezzin.

Mosquée Sîdî Affam (Constantine) : 1 imâm, 1 muezzin.
— Hansala — 1 imâm, 1 muezzin.
— Kerrouì — 1 imâm, 1 muezzin.
— Arboui Cherif — 1 imâm, 1 muezzin.
— Ben Amala — 1 imâm, 1 muezzin.
— Sîdî Moh'ammed Mimoun (Constantine) : 1 imâm, 1 muezzin.
— Sîdî Derra (Constantine) : 1 imâm.
— Sîdî Sliman — 1 imâm.
— Hafsa — 1 imâm.
— H'amma — 1 imâm.

Chapelle temporaire du H'amma (Constantine) : 1 imâm.

Mosquée de Bône : 1 mufti, 2 imâms, 1 mouderrès, 1 bâch-h'azzâb, 1 bâch-muezzin, 10 h'azzâb.

Mosquée de Bougie : 1 mufti, 1 imâm, 1 mouderrès.

Mosquée de Sétif : 1 mufti, 1 imâm, 1 muezzin.

Mosquée de Guelma : 1 mufti, 1 imâm, 1 muezzin, 1 h'azzâb.

Mosquée de Philippeville : 1 imâm, 1 muezzin.
— de Biskra : 6 imâms, 1 muezzin.
— de Khenchela : 1 imâm, 1 muezzin.
— de Tébessa : 1 imâm, 2 muezzins, 3 h'azzâb.

Mosquée d'Aïn-Beïda : 1 imâm, 1 muezzin.
— d'Oued Zenati : 1 imâm, 1 muezzin.
— de Batna : 1 imâm.
— de La Calle : 1 imâm.
— de Mila : 1 imâm.
— de Souk Ahras : 1 imâm.

Mosquée de Collo : 1 imâm.
— de Djidjelli : 1 imâm.
— d'Akbou : 1 imâm.
— des Bibans : 2 imâms.
— de Msila : 2 imâms.
— d'Aïn-Toûta (Ouled-Zian) : 1 imâm, 1 muezzin, 1 mouderrès, 1 t'âleb.
— d'El-Outaya : 1 imâm.
— de N'doukal : 1 imâm.
— d'El Kantara : 1 imâm.

Division de Constantine

Mosquée de Sîdî Alî (T'olga) : 1 imâm, 1 mouderrès, 1 bâch-h'azzâb, 6 h'azzab, 1 muezzin.

Mosquée de Sîdî 'Oqba ben Nâfi' : 1 imâm, 3 h'azzab, 1 muezzin.

Mosquée de Cheikh Mokhtar aux Ouled-Djellal :
1 imâm, 3 h'azzâb, 1 muezzin.

Mosquée de Sîdi'Abdelhâfid : 1 imâm, 1 muezzin.
— de Sîdî Mebârek : 1 imâm, 1 muezzin.
— de la tribu des Zibans : 1 imâm, 1 muezzin,
1 mouderrès, 1 t'âleb, 1 chauffeur.

Mosquée de la tribu des Ouled-Zekri : 1 imâm,
1 muezzin, 1 mouderrès, 1 t'âleb, 1 chauffeur.

Mosquée de la tribu des Ouled-Djellâl : 1 muezzin,
1 mouderrès, 1 t'âleb, 1 chauffeur.

Mosquée de la tribu du Zab Chergui : 1 imâm,
1 muezzin, 1 mouderrès, 1 t'âleb, 1 chauffeur.

Mosquée de la tribu des Beni bou Sliman : 1 imâm,
1 muezzin, 1 derrèr, 1 t'âleb, 1 chauffeur.

Mosquée de la tribu des Ouled-Sîdî-Çâlah' : 1 imâm,
1 muezzin, 1 derrèr, 1 t'âleb, 1 chauffeur.

Mosquée de Khanga-Sidî-Nadji : 1 imâm, 1 muezzin,
1 derrèr, 1 chauffeur.

Mosquées d'Ouldja-Tebouïa-Ahmed el-Kheïrani :
1 imâm, 1 muezzin, 1 derrèr, 1 chauffeur.

Soit en tout 174 établissements religieux et un
personnel de 573 fonctionnaires des cultes qui figurent au budget de 1899 pour une somme de 238.430 fr.,
tandis que les frais d'entretien du matériel y figurent
pour 69.900 francs.

Tous ces fonctionnaires sont recrutés parmi les
élèves des trois médersas algériennes d'Alger, Tlemcen et Constantine, qui, récemment remaniées, donnent
à leurs auditeurs l'enseignement français par des

professeurs français et l'enseignement musulman par des professeurs musulmans. Les autres emplois qui, au terme de l'arrêté gouvernemental du 1er avril 1895, doivent se recruter dans les médersas sont : les fonctionnaires de la justice musulmane (cadis, cadis-notaires, bach-adels, adels, aouns et oukîls) et les khodjas des préfectures, sous-préfectures et communes mixtes. Ce personnel se décompose comme suit :

Culte musulman	Muftis....................	25
	Imâms ....:....	124
	Mouderrès	21
	Hezzâb, muezzins	150
Justice musulmane	Cadis....................	113
	Cadis-notaires et suppléants..	46
	Bach-adels.................	205
	Adels	276
	Aouns....................	232
	Oukîls....................	210
Administration départementale : Khodjas (préfectures, sous-préfectures, communes mixtes)		127
Instruction publique : Professeurs de médersas		16
	Total............	1.545

La proportion des vacances étant au minimum de 5 0/0, c'est un total de 75 candidats annuels que les médersas doivent fournir. C'est à peine si elles peuvent actuellement arriver à la moitié de ce chiffre, mais il y a lieu d'espérer qu'elles l'atteindront d'ici quelques années.

L'enseignement, avons-nous dit, dans les trois médersas est double : musulman (théologie, droit, grammaire, *tefsir*, etc.), donné par des professeurs indigènes ; et français (droit, histoire, géographie, littérature, sciences), donné par des professeurs français. Il était impossible d'éviter cette dualité si on voulait arriver à former des fonctionnaires à la fois susceptibles d'acquérir de l'influence sur leur coreligionnaires et de rendre à l'autorité française les services qu'elle attend d'eux. Mais elle a de graves inconvénients : la somme des connaissances ainsi exigées des jeunes indigènes paraît réellement trop lourde pour qu'ils arrivent facilement à s'élever au-dessus d'un fort honorable psittacisme ; enfin cette juxtaposition dans des cerveaux relativement simples de deux enseignements d'essence et de méthode si différentes et que rien ne relie entre eux, ne semble pas de nature à donner à l'esprit des élèves cette rectitude et cette clarté qu'on est en droit d'exiger de ceux qui sont appelés à détenir une parcelle de l'autorité. Il paraît donc qu'il y aurait lieu de rechercher les moyens de restreindre et d'unifier l'enseignement.

D'autre part, le recrutement est jusqu'ici assez pénible, mais à cet égard il y a beaucoup à espérer, les emplois publics étant toujours très recherchés par nos indigènes. Le certificat d'études primaires est exigé des candidats aux médersas : malheureusement les sujets qui possèdent actuellement ce titre sont en général très faibles en arabe et arrivent difficilement à se perfectionner d'une façon suffisante pour passer convenablement, sous ce rapport, les examens de sortie. Quant aux indigènes qui ont été élevés dans les écoles arabes ou dans les zâouias, ils ne savent en général guère de français et passent malaisément

9

le certificat d'études. Aussi les élèves des médersas sont-ils groupés en deux séries : l'une composée d'élèves plus forts en français, l'autre comprenant des sujets qui sont plus instruits en arabe ; c'est une grosse difficulté pour les professeurs.

La durée des études dans les médersas est de quatre années : mais la médersa d'Alger contient une division supérieure comportant deux années supplémentaires, au bout desquelles un diplôme spécial est délivré. Cette division supérieure est destinée à fournir des fonctionnaires d'élite.

Bien que les médersas soient administrativement rattachées à l'Enseignement supérieur, elles n'ont actuellement en aucune façon le caractère d'Universités. On n'y fait point de haut enseignement musulman et elles gardent le caractère professionnel qui est leur raison d'être. Il est d'ailleurs douteux qu'il y ait urgence à nous pourvoir ici d'une université musulmane destinée à former de véritables *oulama*. La fréquentation répétée des cours professés dans les grandes mosquées par les mouderrès suffira, lorsque ce dernier personnel aura été entièrement mis à la hauteur de sa tâche (comme on a récemment commencé à le faire), à fournir des savants musulmans au sens habituel de cette expression. Que s'il s'agit de susciter parmi nos indigènes l'éclosion d'orientalistes dignes de ce nom, au sens européen du terme, les Ecoles Supérieures d'Alger seules sont outillées pour cela. Quant aux médersas, en restant de bons séminaires de fonctionnaires, elles remplissent une tâche éminemment utile à notre pays ; et si nous avons fait à leur sujet quelques remarques critiques,

hâtons-nous de dire que leur organisation, telle qu'elle
a eu lieu il y a cinq ans, a été un grand progrès et
que cette organisation d'ailleurs n'a jamais été considérée que comme provisoire ; mais les résultats satisfaisants
qu'ont donné ces institutions depuis 1895, sont un
gage de ce qu'on en peut attendre pour l'avenir,
lorsque l'on y aura apporté les modifications et les
perfectionnements que les leçons de l'expérience ne
peuvent manquer de suggérer. (Voy. Appendice).

Nous avons parlé plus haut des Ecoles Supérieures
d'Alger : ces Ecoles, auxquelles il ne manque vrai-
ment que le nom de Facultés, rendent à l'enseignement musulman des services que nous ne pouvons
passer ici sous silence ; elles travaillent en outre à la
diffusion des connaissances musulmanes et africaines
et surtout leur personnel contribue incessamment à
accroître ces connaissances par une série ininterrom-
pue de travaux de haute érudition. Un simple coup
d'œil jeté sur notre chapitre de bibliographie montrera l'importance de leur contribution à cet égard.
Autour du noyau de savants constitué ainsi par les
membres de l'Ecole Supérieure des Lettres et qui est
à la tête des études islàmiques en Algérie, se grou-
pent un certain nombre de travailleurs appartenant à
l'administration, à l'armée, au corps des interprètes
militaires, auteurs de nombreux travaux, de valeur
inégale il est vrai, mais parmi lesquels ils s'en trouve
qui sont de tout premier ordre et font autorité dans la
science : il suffirait de citer les noms de Luciani,
Le Châtelier, Mercier et tant d'autres, s'il était nécessaire de faire des personnalités. Tout cela forme ce
qu'on pourrait appeler l'École d'Alger, dont l'œuvre

considérable a quelquefois été méconnue dans la Métropole : ce n'est pour nous qu'une amère consolation de voir que ce sont les érudits étrangers qui nous rappellent à la bienveillante attention de leurs confrères parisiens. (Hartmann, *Orient. Litt.-Ztg.*, mai 1900, 167, n. 1).

L'enseignement de l'Ecole Supérieure des Lettres d'Alger comprend, comme intéressant spécialement le point de vue auquel nous nous plaçons ici, un cours de philosophie musulmane ; un cours de géographie de l'Afrique du Nord, où la plus large part est faite aux questions musulmanes et indigènes ; un cours d'histoire moderne de l'Afrique du Nord, embrassant toute la période de la domination musulmane ; un cours d'explication de textes poétiques arabes (un semestre de poésie antéislamique et un semestre de poésie postislamique) ; un cours d'explication de textes historiques arabes ; un cours d'explication des Mille et une Nuits ; un cours d'explication de textes juridiques ; un cours d'explication du Coran ; un cours consacré à l'explication d'actes judiciaires, de jugements de cadis, de décisions ou de consultations de muftis. De plus, deux professeurs de l'Ecole dirigent à Oran et à Constantine une chaire de langue et de littérature arabes. — A l'Ecole de Droit, un cours de droit musulman et de coutumes indigènes a lieu toute l'année : ce dernier enseignement demanderait à être développé.

Parmi les diplômes que délivrent les Ecoles, les plus remarquables, à notre point de vue, sont le diplôme d'arabe et le certificat supérieur de législation algérienne, de droit musulman et de coutumes indigènes. Le diplôme d'arabe de l'Ecole des Lettres d'Alger est plus élevé et plus complet que les diplômes analogues délivrés en France. Il comprend, à l'écrit, la traduction d'un texte judiciaire, une composition arabe, un thème arabe ; à l'oral, la traduction d'un texte poétique, la traduction d'un texte juridique, une épreuve de conversation, des interrogations sur l'histoire musulmane de l'Afrique et sur la géographie de l'Afrique du Nord et des pays musulmans. Le certificat supérieur de législation algérienne, de droit musulman et de coutumes indigènes comprend, à l'écrit, une composition de législation algérienne et tunisienne, et une composition de droit musulman et de coutumes indigènes ; à l'oral, des interrogations sur la législation algérienne et tunisienne, sur le droit musulman et les coutumes indigènes, sur l'histoire et la géographie de l'Afrique du Nord et des pays musulmans, sur les éléments de la langue arabe. Malheureusement, jusqu'ici, ces deux examens ne donnent accès qu'à un petit nombre de carrières (Voy. Appendice).

L'Administration a également institué des examens d'arabe, mais il ne contiennent aucune épreuve exigeant des candidats la connaissance des mœurs, de la religion, de l'histoire des musulmans et de la géographie de l'Afrique du Nord. Il est vrai que quelques épreuves sur ces deux derniers sujets figurent dans un certain nombre d'autres examens administratifs.

L'Ecole Supérieure des Lettres publie, sous le titre de *Bulletin de Correspondance Africaine*, une série de mémoires de haute érudition, dans lesquels se trouvent plusieurs travaux importants qui intéressent l'Islâm. L'Ecole Supérieure de Droit publie la *Revue Algérienne et Tunisienne de Législation et de Jurisprudence*, dans laquelle se trouvent, trop peu souvent encore, d'excellentes contributions à l'étude du droit musulman.

L'Administration publie le journal officiel arabe le *Mobacher*, dans lequel la plume d'un habile interprète expose aux indigènes musulmans les questions d'actualité qui sont de nature à les intéresser. Un journal privé, *En-Nacîh'*, dont la rédaction laisse encore à désirer, a été récemment fondé. Un autre recueil périodique, rédigé en arabe, a été répandu parmi les indigènes par les soins du Comité de l'Afrique Française.

Dans un ordre d'idées différent, le Gouvernement Général a, depuis quelques années, entrepris la publication d'une série de traductions d'auteurs arabes ; la collection compte actuellement huit volumes et est appelée à rendre service aux indigènes en leur permettant de se perfectionner à la fois dans leur langue et dans la nôtre ; bien que destinée spécialement aux élèves des médersas, cette collection intéresse en réalité tous les orientalistes par la portée scientifique des ouvrages qui y ont déjà paru ; les noms des auteurs sont d'ailleurs des garanties de la haute valeur de ces ouvrages. (Voy. Appendice). On souhaiterait de voir collaborer à cette œuvre quelques-uns des savants les plus distingués du personnel de nos cultes et tribunaux musulmans. Cette éventualité désirable ne paraît malheureusement pas proche.

Quelques-uns d'entre ces fonctionnaires ont cependant une culture française avancée, qui nous les rend fort précieux. Il est fâcheux que, d'autre part, ils n'aient pas toujours tous un très grand prestige auprès des croyants : M. Rinn a judicieusement comparé leur position à celle des prêtres assermentés au siècle dernier. La loi musulmane, en effet, défend de remplir ces fonctions pour un salaire. Mais l'habitude est prise maintenant, et les emplois du culte sont très recherchés, malgré la modicité des traitements.

CONCLUSIONS

Nos sujets algériens nous apparaissent comme
un peuple d'intelligence lente, d'un tempéra-
ment essentiellement conservateur, attaché aux
traditions, amoureux de son pays, peu sensible
aux influences étrangères, éloigné des excès du
mysticisme autant que de ceux de la pure spéculation théologique, mais volontiers strict et for-
maliste.

L'Islâm s'est développé lentement chez eux ;
leurs tendances à l'anthropolâtrie ayant toujours
été marquées, ils ont pu être conduits vers le
chî'isme, mais, gens de peu d'imagination, ils
n'en ont pas goûté les excès ; ils n'en ont retenu
que les idées mahdistes qui, du reste, avaient déja
pénétré chez eux auparavant. Ils se sont, pour la
même raison, toujours adonnés au culte des saints
qui a pris chez eux la forme actuelle du maraboutisme.

Les marabouts sont le principal élément de
l'Islâm maghribin ; depuis le XVIᵉ siècle surtout
ils ont multiplié leur prédication. Leur influence
reste locale ; faciles à amadouer par des faveurs,
ils ne constituent pas un danger pour nous: d'ail-

leurs, ils se neutralisent les uns par les autres. Ce sont eux qui font la force des confréries religieuses ; celles-ci ont surtout progressé depuis un siècle ; leurs doctrines mystiques ne paraissent pas pouvoir trouver ici le succès qu'elles ont eu en Orient. Les confréries restent sans cohésion : elles valent ce que valent les marabouts qui, sauf exceptions, comme en Kabylie, sont leurs moqaddem ; elles ne prennent guère l'aspect de sociétés secrètes disciplinées ; elles obéissent difficilement aux impulsions venues de l'Orient. Plusieurs d'entre elles nous ont rendu d'éminents services.

Le maraboutisme ne saurait devenir un instrument de Gouvernement : une neutralité bienveillante, interrompue de temps à autre par quelque répression sévère, si des sentiments d'hostilité se manifestent, telle est la politique suivie jusqu'à ce jour. Elle est satisfaisante. Notre clergé officiel n'a pas l'influence qu'on lui souhaiterait, mais il ne renferme que des éléments tolérants et disciplinés ne pouvant donner, pour l'avenir, quels que soient les événements, aucune appréhension.

L'ignorance religieuse est encore grande dans les tribus ; elle disparaîtra lentement ; petit à petit s'en iront les restes de vieux cultes, les superstitions. Mais c'est le pur islâm qui les remplace tout doucement partout ; favorisons-le, s'il se montre sage : mieux vaut, pour nos sujets, rester quelque temps dans le demi-jour de la science musulmane que d'être aveuglés soudainement par la lumière éclatante de la science européenne et par la vision trop subite de notre civilisation industrielle.

Oran, 17 mars 1900.

APPENDICE

1

Quelques indications bibliographiques

Les quelques notes qui suivent n'ont d'autre prétention que de permettre aux personnes qui voudraient aborder les questions musulmanes et spécialement celles qui concernent l'Afrique du Nord de s'orienter au début de leurs études. Elles trouveront dans les ouvrages que nous indiqu ns des renseignements plus étendus sur la littérature de l'Islâm : la plus grande partie de ces ouvrages sont faciles à se procurer dans les grandes bibliothèques.

CHAPITRE PREMIER

Les dogmes de l'Islâm ; le culte musulman ; la loi religieuse

Parmi les nombreux livres qui traitent de l'islamisme en général et qui sont écrits en français, l'*Essai sur l'Islamisme* de Dozy, traduit par Chauvin (1879), occupe la première place. Le récent livre de M. Carra de Vaux, *Le Mahométisme* (1898), est d'une lecture aisée et accessible aux moins préparés. Un excellent travail d'ensemble est le chapitre consacré à l'Islâm par M. Houtsma dans le *Lehrbuch der Religionsgeschichte*, de Chantepie de la Saussaye (2 éd., 1897, I, p. 326 seq.). Le répertoire de Hughes, *A dictionary of Islam* (2 éd. 1896), quoique très incomplet en ce qui concerne l'Afrique Mineure, est cependant d'un bon usage. — Un exposé du dogme musulman et de la loi religieuse a été donné en français par Garcin de Tassy, *L'Islamisme d'après le Coran ; l'enseignement doctrinal et la pratique* (3 éd., 1874) ; mais le livre anglais de Sell, *The faith of Islam* (1886), est infiniment plus recommandable et présente un exposé beaucoup plus complet. On peut conseiller aussi l'excellent *Tableau de l'empire ottoman* (1787) de Mouradgea d'Ohsson, qui n'a que le défaut d'être devenu rare. En ce qui concerne spécialemrnt la loi religieuse, on devra consultèr encore les traités de droit. Pour le rite h'anafite, la traduction anglaise de la *Hidáya* (1791), grand commentaire de droit h'anafite est difficile à trouver et l'édition nouvelle qu'en a donné Grady (1870) ne contient pas le droit religieux. Mais les excellenls *Principes de droit musulman, selon les rites d'Aboù Il'anifa et de Châfi'i*, de Van den Berg, traduit en français par de France de Tersant et Damiens (1896), sont un manuel des plus précieux. Pour le rite mâlikite spécialement, on recourra au *Précis de jurisprudence musulmane selon le rite malékite par Khalil ibn Ishak*, traduit par Perron (1852). La traduction qu'en a donnée Seignette, sous le titre de *Code musulman* (1878), inférieure, suivant nous, à celle de Perron, ne comprend que les matières intéressant le droit civil. On doit aussi signaler le *Traité élémentaire de droit musulman algérien (école malékite)*, de Zeys (2 vol. 1885-1887). Les divergences entre les différents rites sont exposées dans la *Balance de la loi musulmane* par Cha'râni, traduite par Perron et éditée par Luciani (1898). Sur l'eschatologie, Rüling, *Beiträge zur Eschatologie des Islam* (1895) offre un bon résumé. Sur la guerre sainte, citons, plutôt parce qu'il est en français et édité à Alger, qu'à cause de sa réelle valeur, le livre de Solvet, *Institutions du droit mahométan relatives à la guerre sainte* (1837). C'est la traduction d'un opuscule de Reland.

CHAPITRE II

Les sources de la loi religieuse

Sur Mahomet, l'ouvrage fondamental est encore celui de Sprenger, *Das Leben und die Lehre des Mohammed* (3 vol., 1869). Celui de Krehl, *Das Leben des Mohammed* (1885) est inachevé ; celui de Grimme, *Mohammed* (2 vol. 1892-1895) est tendancieux, quoique de valeur ; il faut encore citer le grand ouvrage de Muir, *Life of Mahomet* (4 vol. 1858-1861). En français, nous n'avons pas de bon ouvrage étendu sur la vie du Prophète ; celui de Barthélemy Saint-Hilaire (1865) est médiocre ; celui de Lamairesse et Dujarric,*Vie de Mahomet* (2 vol. 1897-1898) qui est une traduction plus ou moins exacte d'un historien persan, Mirkhond, est accompagné de commentaires sans valeur. Les pages consacrées à Mahomet dans l'*Essai sur l'histoire des Arabes avant l'islamisme et pendant l'époque de Mahomet* (3 vol. 1847-1848) sont encore ce que nous avons de mieux peut-être ; mais elles ont vieilli. Un bon résumé est l'article *Mohammed*, par Marçais, dans la *Grande Encyclopédie*, ou encore le même article dans le dictionnaire de Hughes, mais surtout l'admirable petit livre de Nöldeke, *Das Leben Muhammed's* (1863). On peut encore conseiller le chapitre consacré à Mahomet par Müller, dans *Der Islam im Morgen-und Abendland* (2 vol. 1887-1889). La vie de Mahomet d'Ibn Hichâm, document capital, a été traduite en allemand par Weil, *Das Leben Mohammed's* (1864) et celle d'Aboû l-Fidâ, beaucoup plus courte, en français par Desvergers, *Vie de Mohammed* (1837). L'*Arabie* de ce dernier auteur dans la *Collection de l'Univers pittoresque* et aussi fort utile à consulter.

Pour l'étude du Coran, Nöldeke, *Geschichte des Qorans* (1860) reste capital. La traduction française de Kasimirski, à laquelle on a pu reprocher quelques inexactitudes rend beaucoup de services, mais la traduction allémande de Palmer est bien supérieure. La Beaume, *Le Coran analysé* (1878) en a donné une sorte de concordance, sans valeur scientifique du reste. L'article Qoran du dictionnaire de Hughes est à consulter.

Sur l'étude des sources en général (*ouçoûl*), on peut consulter avec de grandes précautions Sawas-Pacha, *Théorie du droit musulman* (1887-1889). Le bel article de Snouck Hurgronje dans la *Revue de l'Histoire des Religions* (t. XXXVII, p. 1 et 165), montrera les inexactitudes de ce livre et donnera une bonne vue d'ensemble des *ouçoûl el-fiqh*. Quelques chapitres du livre précité de Sell, *The faith of Islam*, sont également utiles à lire à cet égard. Des renseignements nombreux et de haute valeur sont épars dans Goldziher, *Diē Z'ahiriten* (1884).

En ce qui concerne spécialement les traditions, le mémoire fondamental et celui du même auteur dans le 2ᵉ volume de ses *Muhammedanische Studien* (1890). M. Marçais prépare également sur les traditions un important travail destiné au *Journal Asiatique*.

CHAPITRE III

**Développement de la doctrine et de la loi ;
la codification ; les rites ou écoles.**

Pour ce chapitre on lira avec fruit le livre déjà cité de Dozy, *L'Islamisme*, ainsi que la plupart de ceux que nous avons énumérés à propos du chapitre Iᵉʳ. Les deux ouvrages de Kremer, *Culturgeschichte des Orients unter den Chalifen* (2 vol., 1875-1877) et *Geschichte der herrschenden Ideen des Islams* (1868), sont de premier ordre. En ce qui concerne spécialement le droit, on consultera le livre de Goldziher sur les z'âhirites indiqué ci-dessus et le mémoire de Sprenger, *Eine Skizze der Entwickelungsgeschichte des muslimischen Gesetzes*, dans le *Zeitschrift für vergleichende Rechtswissenschaft*, X. Pour l'étude des écoles théologiques, la traduction de Chahrastânî par Haarbrücker, *Religionsparteien und Philosophenschulen* (1850-1851) est excellente. Sur les Mo'tazilites, il faut lire Steiner, *Die Mu'taziliten oder die Freidenker im Islâm* (1865) et aussi Schreiner, *Studien über Jeschu'a ben Jehuda* (1900). On se servira aussi très utilement de Hontsma, *De strijd over het dogma in den Islam tot op el-Asch'ari* (1875) et, spécialement sur El Ach'arî, de Mehren, *Exposé de la réforme de l'Islamisme commencée au troisième siècle de l'Hégire par El Ach'ari et continuée par son école* (1879). Pour El Ghazzâli, on pourra voir Gosche, *Ueber Ghazzâli's Leben und Werke* (1859) et un mémoire de Carra de Vaux paru en 1891, ainsi qu'un travail de T. de Boër, *Die Wiedersprüche der Philosophie nach el Gazzali* 1894). M. Asin, de Sarragosse, prépare aussi un important travail sur El Ghazzâli. On voit que nous avons surtout à citer des mémoires étrangers. Des pages intéressantes pour le chapitre qui nous occupe se trouvent dans le bel ouvrage de Munk, *Mélanges de philosophie juive et arabe* (1859). Le livre de Dugat, *Histoire des philosophes et des théologiens musulmans* (1878), est bien faible ; on ne peut le recommander qu'à défaut d'un autre. En ce qui concerne l'importation de la loi religieuse dans l'Afrique du Nord, le mémoire peu connu de Vincent, *Etudes sur la loi musulmane* (1842) est des plus estimables. Voir aussi la *Mission scientifique en Tunisie* de Houdas et Basset, p. 103 (1884), et un article de Houdas dans le *Centenaire de l'Ecole des Langues orientales*, p. 295 (1895).

CHAPITRE IV

Islamisation de l'Afrique mineure ; les khâredjites.

Il n'existe aucune étude d'ensemble sur l'histoire de l'Islâm algérien. Comme travail concernant une époque particulière, le mémoire de Goldziher, *Materialien zur Kenntniss der Ahmohadenbewegung*, paru dans le *Zeitschrift der deutschen morgenlandischen Gesellschaft* en 1887, est d'une haute valeur ; il contient d'importantes considérations générales.

Pour le khâredjisme, il faut consulter, en ce qui concerne les khâredjites orientaux le mémoire de Brünnow, *Dis Charidschiten unter den ersten Omayyaden* (1884). En ce qui concerne l'histoire et les doctrines des khâredjites algériens, on lira la *Chronique d'Aboû Zakariâ*, traduite par Masqueray (1878) et le chapitre consacré au Mzâb dans la *Formation des cités chez les populations sédentaires de l'Algérie*, du même auteur (1886). Le Mzâb et les Mzâbites ont fait l'objet de nombreuses publications, dont les plus importantes sont : Coyne, *Le Mzâb* (1879) ; un article de Masqueray sur les Benî Mzâb dans la *Société normande de Géographie* (Bulletin de mars 1880) ; de Motylinski, *Guerrara depuis sa fondation* (1884); Robin, *Le Mzâb et son annexion à la France* (1884) ; Amat, *Le Mzâb et les Mzâbites* (1888). En ce qui concerne spécialement la législation mzâbite on consultera Zeys, *Législation mozabite son origine, ses sources, son présent, son avenir* (1886). Aucun des ouvrages précités toutefois n'offre un exposé scientifique de la doctrine abâdhite. Il faudra pour s'instruire à cet égard recourir au mémoire de Sachau, *Reli-*

giôse Anschauungen der Ibaditischen Muhammedaner (1898), dont nous donnons plus loin quelques extraits : il s'agit, dans ce travail, des Abâdhites de l''Oman et de Zanzibar, mais il n'y a pas de différence à faire entre eux et les Mozabites au point de vue des dogmes.

CHAPITRE V

Le culte des saints : marabouts, chérifs

Le travail capital sur le culte des saints dans l'Islâm est le mémoire de Goldziher qui forme la deuxième partie du second volume de ses *Muhammedanische Studien* (1890). Les personnes auxquelles l'allemand n'est pas familier pourront, à défaut de ce mémoire, consulter l'ébauche qu'il en a donné en 1880 dans la *Revue de l'Histoire des Religions*. Un article du même savant dans le *Globus* (1897) est consacré au culte des saints en Egypte.

Au sujet du maraboutisme algérien les deux livres de Trumelet, *Les Saints de l'Islâm* (1881) et *L'Algérie légendaire* (1892) constituent une source très abondante. On doit cependant en user avec précaution, l'auteur ne semblant pas avoir toujours fait la critique de ses matériaux d'études.

Dans le *Complément de l'histoire des Beni-Ziyâne*, de Bargès (1887) on trouvera la traduction de nombreuses vies de marabouts extraites du Boustân, qui est un dictionnaire biographique arabe des saints de Tlemcen. Le même auteur a publié en outre un excellent travail sur la *Vie du célèbre marabout Cidi Abou-Médièn* (1884). Dans la *Revue Africaine* de 1883, Delpech a donné une traduction abrégée et souvent inexacte du Boustân. Dans le même recueil, année 1891, on trouvera la traduction par Guin d'un ouvrage arabe analogue, *Le Collier de pierres précieuses, ou mention des principaux personnages d'origine noble de la contrée du R'eris* ; le traducteur y a joint un commentaire. On pourra encore consulter le travail érudit de René Basset, *Les Dictons de Sidi Ah'med ben Yoúsof*, (1890) et *Les gnomes de Sidi 'Abderrah'mân el-Medjdzoûb* par de Castries (1895).

Comme point de comparaison il est intéressant d'étudier,

pour le désert Libyque, le travail de Hartmann, *Aus dem Religionsleben der Libyschen Wüste*, dans *Archiv für Religionswissenschaft* (1898) ; pour les abâdhites de la Tripolitaine, René Basset *Sanctuaires du Djebel Nefoûsa* (*Journal Asiatique de 1899*) et de Motylinski, *Le Djebel Nefousa* (1899) ; quant au Maroc, on trouvera de nombreux détails sur le maraboutisme dans l'important livre de M. Mouliéras, *Le Maroc inconnu* (2 vol. 1895-1898).

Sur les Chorfa on peut noter, mais comme devant consultés avec précaution : Arnaud, *Les tribu Chorfa*, dans la *Revue Africaine* de 1873, et Féraud, *Les Chorfa du Maroc*, même périodique, année 1877. Sur l'origine et l'histoire des Chorfa les documents les plus intéressants se trouvent dans la traduction du *Nozhet el-H'âdi* d'El Oufrâni par Houdas (1888-89).

Comme travaux d'ensemble sur le culte des saints dans l'Afrique du Nord, on peut recourir à l'exposé qu'ont donné Depont et Coppolani dans la 1re partie de leur ouvrage, *Les Confréries religieuses musulmanes* (1897) ; le chapitre de Lapie, *Les civilisations Tunisiennes* (1897), relatif à cette matière a une portée générale ; nous avons donné quelques notes fort incomplètes sur *Les Marabouts* dans la *Revue de l'histoire des religions* (1899-1900), où l'on trouvera des indications bibliographiques plus étendues. Disons enfin que M. Westermarck, de l'université d'Helsingfors, connu pour ses travaux de sociologie, prépare sur le culte des saints au Maroc un travail comportant des comparaisons avec le restant de l'Afrique du Nord.

CHAPITRE VI

Le mysticisme et les associations mystiques

Les principaux mémoires sur l'origine et l'évolution du mysticisme sont : celui de Tholuk, *Sufismus sive theosophia Persarum pantheistica* (1821), dont les conclusions ne sont plus recevables aujourd'hui ; Merx, *Idee und Grundlinien einer allgemeinen Geschischte der Mystik* (1893) ; Schreiner, *Beiträge zur Geschichte der theologischen Bewegungen im Islâm* (1899) ; Goldziker, *Materialien zur Entwickelungsgeschichte des Sufismus*, paru

10

dans le *Wiener Zeitschrift für die Kunde des Morgenlandes* (1899) ; un chapitre des *Confréries religieuses musulmanes* de Depont et Coppolani. On pourra lire aussi un chapitre du *Mahométisme* de Carra de Vaux et l'introduction de la *Vie de Cidi Aboû Médièn* de Bargès. Des détails sur la hiérarchie mystique des çoûfis se trouvent dans la traduction de Djâmi' par de Sacy, dans les *Notices et Extraits des manuscrits*, t. XII.

Les confréries religieuses sont un sujet que les auteurs algériens ont traité avec prédilection. La littérature en est fort abondante, mais l'ouvrage de Rinn, *Marabouts et Kouan* (1885) a résumé tout ce qui lui était antérieur ; il faut ajouter celui de Depont et Coppolani, qui contient des renseignement sur les confréries de tout le monde de l'Islâm et dans lequel on trouvera de plus amples indications bibliograhiques. Les confréries de l'Arabie ont été spécialement étudiées par Le Châtelier, *Les Confréries du Hedjâz* ; celles du Maroc ont été l'objet d'un article important de Cat dans la *Revue des Deux Mondes* (septembre 1897).

CHAPITRE VII

Les Confréries religieuses de l'Algérie

Outre les ouvrages que nous venons de mentionner, il faut spécialement consulter un certain nombre de travaux dont on trouvera l'énumération dans Depont et Coppolani, tels, par exemple, que Mercier, *Etude sur les khouân de Sidi Abd-el-Kader-el-Djilani* (1871) ; Duveyrier, *La Confrérie musulmane de Sidi-Ahmed ben 'Ali-es-Senoussi et son domaine géographique en l'an 1300 de l'Hégire* (1884), brochure pleine d'exagérations ; Coppolani, *La Confrérie des Ammaria* (1894), etc... Touchant les Senoûsiyya, on trouvera d'intéressants renseignements dans l'article précité de Hartmann sur la religion au désert libyque et dans la traduction du voyage d'un t'aleb de Tunis, chez les Snoûsiyya par Serres (parait en ce moment dans *L'Expansion coloniale française*).

CHAPITRE VIII

Cérémonies, fêtes religieuses ; superstitions, survivances

La littérature afférente à ce chapitre est tellement abondante qu'il est impossible d'en donner ici même un aperçu. Les matériaux sont épars dans une foule de travaux, monographies, relations de voyageurs, etc... Nous citons seulement trois ouvrages qui permettront au lecteur désorienté, de prendre une vue d'ensemble. Ce sont : *La Vie arabe et la société musulmane*, de Daumas (1869) ; les *Mœurs, coutumes et institutions des indigènes de l'Algérie*, de Villot (1875) ; et *L'Arabe tel qu'il est*, de Robert (1900), trois ouvrages excellents et de tous points recommandables. En ce qui concerne les coutumes kabyles, le livre de Hanoteau et Letourneux, *La Kabylie et les coutumes kabyles* (2e éd. 1893) passe à bon droit pour capital.

CHAPITRE IX

Les sanctuaires et les édifices religieux ; marabouts, mosquées, zaouias

Ici encore les matériaux, très nombreux, sont très dispersés. Nous pouvons cependant citer deux mémoires de premier ordre. Le premier est celui de Brosselard qui sous ce titre modeste : *Les inscriptions arabes de Tlemcen*, a décrit dans la *Revue africaine*, au cours des années 1858 et suivantes, tous les édifices religieux de cette ville avec la plus grande exactitude. Le second est le travail de Devoulx sur les *Edifices religieux de l'ancien Alger*, œuvre très consciencieuse et d'une grande valeur, également dans la *Revue africaine* et tirée à part en 1870. On consultera encore les *Sanctuaires du Djebel Nefoûsa*, déjà cités, de R. Basset. L'article de Waille, *Autour des mosquées d'Alger*, dans la *Revue africaine* (1899) est aussi à considérer. Enfin on glanera un certain nombre de renseignements dans le guide, de l'Algérie, de Piesse (la collection des *Guides Joanne*. Seulement on devra recourir de préférence aux anciennes éditions de cet ouvrage, car, à chaque réimpression, la maison Hachette supprime de nombreux renseignements d'ordre scientifique pour augmenter le nombre de ceux qui intéressent le côté purement matériel du voyage, tel que le tarif des restaurants ou le réglement des voitures de place.

CHAPITRE X

L'Islâm officiel : notre clergé musulman algérien ; l'enseignement supérieur musulman

C'est naturellement dans les documeuts officiels qu'il faudra chercher des indications sur les matières qui se rapportent à ce chapitre : on consultera donc la *Statistique triennale de l'Algérie*, l'*Exposé du Conseil supérieur*, le rapport sur le budget de l'Algérie... On lira aussi un chapitre de Rinn, *Marabouts et khouân*, sur le clergé officiel. Des renseignements sur les médersas se trouvent dans le rapport déposé par M. Combes au sujet de la réorganisation de ces établissements en 1894 (Sénat, annexe au procès-verbal de la séance du 2 février 1894). Un chapitre des *Questions algériennes et musulmanes* de Colin (1899) est consacré aussi aux médersas. Enfin le livre de Delphin sur *Fâs, L'Université et l'enseignement supérieur musulman* (1888) a été jusqu'ici considéré comme fondamental. Le rapport de M. Moulièras, qui a été chargé par M. le Ministre de l'Instruction publique d'aller étudier les Universités de Fez sur place, nous fixera définitivement sur ce sujet intéressant.

Des indications bibliographiques plus étendues peuvent se cueil ir dans l'*Orientalische Bibliographie* (semestriel) ; la *Revue de l'histoire des Religions* donne des comptes-rendus de la plupart des ouvrages importants sur l'Islâm et, tous les ans, une revue critique, par René Basset, des travaux parus dans les périodiques sur les questions musulmanes. Enfin nous avons inauguré l'année dernière, la publication d'un *Bulletin biblio-*

graphique de l'Islâm maghribin, sans doute encore bien impar-
fait, mais que nous espérons améliorer en le continuant
annuellement.

II

Note sur la doctrine khâredjite

Nous avons déjà dit qu'il était indispensable, pour
compléter le très court exposé que nous avons donné,
p. 33 de cette brochure, des doctrines khâredjites, de
recourir à l'excellent mémoire de Sachau, *Ueber die religiösen
Anschauungen der Ibaditischen Muhammedaner in Oman und
Ostafrika*. Afin de préciser les idées du lecteur sur cet important sujet, nous extrayons de ce travail les quelques notes qui
suivent.

A la base du khâredjisme sont les deux principes suivants :

1° 'Otsmâne, 'Alî et ses fils, Mo'âwia et ses successeurs sont
indignes du khalifat, comme s'étant écartés de la loi divine.
Or, Dieu, dans son Livre, c'est-à-dire dans le Coran, distingue
entre les bons et méchants (اهل الصلاح et اهل الفساد). Cette
distinction est absolue. Cependant les orthodoxes (ou du moins
les musulmans qui se prétendent tels) qui ont laissé tuer
'Otsmân honorent également ce khalife et son meurtrier ; ils
honorent également H'oséin et Yezîd, qui fit tuer ce dernier.
Cette contradiction ne saurait admise. 'Otsmân, 'Ali, ses fils,
Mo'âwia et ses successeurs n'ayant pas rempli les exigences
imposées au khalife ont également mérité la mort.

2° La communauté doit être gouvernée par un imâm ; mais
on ne saurait comprendre indistinctement dans cette communauté tous ceux qui suivent, il est vrai, les rites de l'Islâm,
mais qui par ailleurs sont des pécheurs ou des criminels. La
communauté ne saurait s'entendre que de ceux qui possèdent
la vérité et mènent une vie exemplaire, c'est-à-dire des pieux
docteurs. C'est donc parmi ceux-ci que l'imâm doit être choisi.

Les khâredjites sont, du reste, en désaccord avec les orthodoxes sur un grand nombre d'autres points ; on trouvera en particulier, dans le mémoire de Sachau, des renseignements sur leur doctrine touchant les peines entre la mort et le jugement dernier, la vue de Dieu dans l'autre monde, l'intercession, la Balance et le Cirât' (1), la question de savoir si l'on peut être sauvé sans repentir et la question de l'éternité de la peine de l'Enfer.

Il n'est pas tout à fait exact de dire, comme nous l'avons fait d'après Masqueray, que les khâredjites n'admettent aucune intercession. Ils pensent seulement que l'intercession ne pourra avoir lieu que de la part des hommes d'une grande piété pour ceux qui auront été moins sages. Mais ni le Prophète, ni les saints ne pourront intercéder pour un criminel, non plus que pour tous ceux qui auront commis des péchés graves. La limite de l'intercession est ainsi fort étroite ; quiconque admet une plus large intercession est un hérétique, comme, par exemple, les prétendus orthodoxes actuels qui affirment qu'un criminel ne cesse pas d'être considéré comme un croyant et que l'intercession peut s'exercer en sa faveur.

Les sept péchés considérés comme mortels dans l'Islâm orthodoxe sont : le polythéisme, le meurtre, le fait de diffamer une femme mariée, la dilapidation des biens d'un pupille, l'usure. la fuite devant l'appel à la guerre et la désobéissance aux parents. Les six derniers, peuvent être pardonné par Dieu, mais le polythéisme ne peut obtenir de pardon. Lorsqu'un homme meurt en état de péché mortel sans s'être repenti (exception faite pour le polythéisme), Dieu, disent les orthodoxes, peut à son gré lui pardonner ou le punir en le précipitant *pour un temps* dans l'enfer. Au contraire, les khâredjites disent : quiconque meurt en état de péché mortel, sans s'être repenti, ne peut plus être considéré comme un croyant, et dès lors Dieu le punit de la peine éternelle de l'Enfer, à moins qu'il ne se repente ; et cela qu'il soit monothéiste ou polythéiste.

---

(1) Le *Cirât'* est une sorte de pont, fin comme un cheveu et tranchant comme un sabre, sur lequel les croyants devront passer pour aller au Ciel après le jugement. Naturellement ceux qui auront été condamnés ne pourront s'y maintenir et seront précipités dans l'Enfer. Le Cirât', d'après les khâredjites, n'est qu'une expression métaphorique du Coran.

III

Les sciences musulmanes dans les médersas algériennes

Les programmes des médersas algériennes ne sont encore que provisoires ; la pratique ne tardera pas sans doute à révéler les améliorations qu'il pourrait être utile d'y apporter. Nous avons cependant pensé qu'il était intéressant de reproduire littéralement ici les programmes officiels de théologie, de droit musulman et de langue arabe, pour montrer comment le Gouvernement français enseigne aux indigènes les sciences musulmanes.

Théologie

(3 heures par semaine pour les 4 années)

a) PARTIE DOGMATIQUE

De l'existence de Dieu. — Des attributs de Dieu. — Nature de ces attributs. — De l'Unité de Dieu. — De son essence propre. — De son éternité. — De son immutabilité. — De sa toute-puissance. — De son immensité. — De sa science, etc...

De la mission prophétique de Mohammed (1). — De la création. — Des Prophètes. — Du Koran et des livres révélés. — De la résurrection. — Du jugement dernier. — Des récompenses et des peines.

De la Providence. — De la prédestination et de la réprobation. — De la foi et des œuvres.

b) PARTIE RITUELLE

Des purifications. — De la prière. — De la dîme aumônière. — Du jeûne. — Du pèlerinage. — Des aliments permis ou défendus. — De la manière légale d'égorger les animaux.

---

(1) Nous reproduisons *textuellement* l'orthographe du programme officiel sans y appliquer notre système de transcription.

c) PARTIE MORALE

Des vertus morales : la probité ; la charité ; la chasteté ; la pudeur ; la sobriété, etc...

Devoirs envers le prochain. — Devoirs envers les parents et les enfants. — Devoirs envers les serviteurs. — Devoirs de bienséance, de tenue et de propreté.

Droit musulman

1re ANNÉE

Le droit musulman. — Les sources : le Koran, la sounna, l'Idjmaâ, le Kias. — Les quatre rites orthodoxes. — Les juris-consultes musulmans. — Le rite malékite et le rite hanafite.

Du mariage: Généralités. — Conditions de validité du contrat. — Du consentement. — Du ouali. — Des témoins. — De la dot. — Des empêchements à mariage. — Différence entre les rites malékite et hanafite. — Eudda et istibra. — Des con-testations en matière de mariage.

Applications : Etude et rédaction des actes correspondant aux matières du cours.

2e ANNÉE

De la dissolution du mariage : Divorce moyennant rançon. — Divorce par décharge mutuelle, par autorité de justice. — De la répudiation. — Sounnite et anti sounnite. — Conditions requises pour la validité de la répudiation. — Formules. — Répudiation par mandat, par option. — Répudiation dis-crétionnaire. — Du retour. — Effets généraux de la répu-diation. — Du serment de continence (ila). — De l'assimila-tion injurieuse (dihar). — De la malédiction (Liàn). — Maria-ges mixtes.

Paternité. — Filiation. — Adoption. — Parenté. — Puis-sance paternelle. — Hadana. — Différence entre les rites malékite et hanafite. — Tutelle. — Majorité. — Interdic-tion.

3e Année

De la vente : diverses sortes de ventes ; contestation en matière de vente. — Du louage. — Des sociétés : sociétés commerciales ; sociétés en commandite, en participation ; associations agricoles. — Du prêt. — Du dépôt. — Du mandat. — Du cautionnement. — Du nantissement.

Application : Etude et rédaction des actes correspondant aux matières de cours.

Note. — Les matières portées au programme de 3e année ne devront pas être développées dans tous leurs détails. L'année n'y suffirait pas. Sous l'empire de la législation algérienne actuelle, les magistrats musulmans du Tell ont surtout à connaître des questions de statut personnel et de successions. Ce cours devra donc être fait d'une façon sommaire. Il pourra être repris et développé dans la division supérieure.

4e Année

Des partages. — De la chifaa. — Des donations. — Du habous ; rite malékite, rite hanéfite. — Des testaments. — De la tutelle testamentaire.

Des successions : Ouverture des successions. — Divers ordres d'héritiers. — Des prélèvements. — Des réservataires. — Des agnats. — Du cumul des deux qualités. — De l'as héréditaire. — De l'exclusion. — De l'ajournement du partage. — Du bit-el-mal.

Application au partage des successions mobilières : Inventaire. — Composition de la masse active. — Prélèvement des dettes et frais. — Actes de fridha. — Attribution de droit à chaque héritier. — Etude et rédaction des actes correspondant aux matières du cours.

Langue arabe

(7 heures par semaine pour les 4 années)

1re Année

Grammaire : Généralités. — La langue arabe. — Le dialecte de Qoréich. — Les grammairiens arabes. — Les écoles de Koufa et de Basra.

Etude de la phonétique et de la morphologie, d'après la Djaroumya de Sanhadji (1), avec commentaire de Khaled El Aghari et glose d'Abou Nedja ; la Chafia d'Ibn el Hadjeb et autres commentaires classiques.

Littérature : Notions générales de littérature arabe. — Les divers genres littéraires en prose et en poésie. — Biographies d'auteurs. — Lecture et explication de morceaux choisis de prix d'un style simple (genre narratif et descriptif).

Exercice de rédaction.

2e Année

Grammaire : Etude de la flexion et de la syntaxe, d'après la Kafia d'Ibn el Hadjeb, le Choudour d'Ibn Hicham et d'autres auteurs classiques.

Littérature : Lecture et explication de morceaux choisis de Maqqari, Ibn Khallikan, Ibn Abd Rebbih, El Ispahani, Ibn Khaldoun, Ibn el Atsir, etc... Le genre historique, les grands historiens. Notions de métrique.

Exercices de rédaction et de composition.

3e Année

La grammaire : Etude de l'Alfia d'Ibn Malek, avec commentaire d'Ibn Agil et de Makoudi.

Littérature : La poésie arabe. — Etude des divers genres poétiques. — La poésie antéislamique. — La poésie depuis l'Islam. — Bibliographies des poètes célèbres. — Etude plus complète de la métrique.

Explication des Moallekat. — Extraits du Kitab-el-Aghani. — Les Diouanes.

Etude du genre épistolaire et du genre oratoire. — Exercices de composition littéraire. — Lettres, discours et dissertations littéraires.

---

(1) Voy. la note de la page 154.

4e ANNÉE

Grammaire : Etude du Mor'ni El-Labib, traité complet d'analyse et de syntaxe.

Littérature : Explication de Makemat choisies de Hariri, Hamadani, Yazidji, etc... — Proverbes de Meïdani. — Poésies extraites de la Hamasa, du Nefh-Et-Tib, etc... — Lamiet-El-Adjem. — La Borda. — La Hamzia, etc... —Citations poétiques d'El Aïni.

Exercices de composition sur les divers genres littéraires.

Les trois enseignemeuts dont nous venons de reproduire les programmes *in-extenso* sont donnés par trois professeurs musulmans ; trois professeurs français sont en outre chargés :

1º De l'histoire et de la géographie (1 heure par semaine pour chaque année). — L'histoire ancienne et la géographie du monde entier (moins l'Afrique et la France) occupent la première année ; l'histoire ancienne d'Orient et la géographie de l'Afrique (moins l'Algérie et la Tunisie) occupent la deuxième année ; l'histoire et la géographie de l'Algérie et de la Tunisie sout faites en 3e année ; l'histoire et la géographie de la France en 4e année. Les programmes de 3e année sont donc les seuls qui nous intéresseraient ici : l'espace nous étant limité nous ne pouvons les reproduire ; ils se rapportent du reste dans leurs grandes lignes aux programmes d'histoire et de géographie du diplôme d'arabe que nous donnons plus loin *in-extenso*.

2º Du droit usuel et d'un exposé de notre organisation administrative (2 heures pour les 4 années).

3º De la langue française (9 heures pour les 4 années). Les auteurs recommandés pour être expliqués sont les suivants : comme classiques, La Fontaine, Fénelon, Châteaubriand, Lamartine et Michelet ; comme lectures algériennes et africaine, Fromentin, Loti, Masqueray et Wahl ; comme traductions françaises d'auteurs arabes, les traductions d'Ibn Khaldoùn, El-Mas'oûdî, Ibn Batouta et des Mille et une Nuits. Ces indications n'ont d'ailleurs absolument rien de limitatif.

4º Des sciences (1 heure par semaine pour chaque année) :

Arithmétique, géométrie, cosmographie, physique, chimie et histoire naturelle.

Dans la division supérieure d'Alger, les élèves en ce qui concerne l'enseignement musulman, développent le programme des 4 premières années ; on insiste surtout sur le tefsir ou commentaire du Coran. En ce qui concerne l'enseignement français, il ont un cours d'histoire de la civilisation française. De plus : 1º Ils suivent à l'Ecole Supérieure des Lettres un cours de logique et font des conférences concurremment avec les boursiers de licence en philosophie ; 2º A l'Ecole supérieure de Droit, ils suivent un cours de deux ans, comprenant le Droit civil, le Droit public, le Droit constitutionnel.

IV

L'Islâm aux Ecoles Supérieures d'Alger

1º Ecole Supérieure des Lettres

GÉOGRAPHIE DE L'AFRIQUE

Professeur : M. Augustin Bernard

Conférence A : le mercredi, à 4 heures et demie. – Géographie des pays musulmans à l'usage des candidats au diplôme d'arabe et au certificat de législation algérienne et tunisienne, conformément au programme commun à ces deux examens et dont la teneur suit :

I. *Le Mahométisme.* — Répartition des musulmans dans les différents pays du monde. — Leur nombre dans chacun d'eux. — Nombre total. — Proportion avec le reste du genre humain, avec les autres religions, avec les musulmans de chaque pays. — Principales sectes, nombre de proportion des adhérents. — Groupement général des populations musulmanes.

II. *L'Afrique musulmane.* — Répartition des musulmans en

Afrique. — Leur position et leur nombre. — Leur importance. — La Barbarie et l Algérie. — Les ordres religieux : leur
situation, leur nombre, leurs noms, leur importance et leurs
tendances.

III. *Les pays barbaresques.* — Situation, limites et divisions de
la Barbarie. — Sa place dans le monde musulman et vis-à-vis
des puissances européennes. — Importance relative de ses
différentes parties.

IV. *L'Algérie.* — Géographie physique. — Relief du sol,
hydrographie ; régions et leurs caractères ; littoral.

V. *L'Algérie.* — Géographie économique. — Climat et pro-
duction ; agriculture, blé, palmier, vigne, alfa, etc. ; industrie
avant et depuis la conquête française ; faune et flore ; animaux
sauvages et domestiques, élevage et chasse ; ressources fores-
tières, le déboisement et le reboisement ; ressources minières,
le commerce avec l'intérieur, avec les pays barbaresques, avec
l'étranger, avec la Métropole ; importation et exportation ;
ressources naturelles du pays ; causes physiques de pauvreté
ou de richesse.

VI. *L'Algérie.* — Géographie ethnologique. — Les races qui
se sont succédées en Algérie. — Races actuelles et leurs caractères — Les Kabyles et autres Berbères. — L'Arabe, le Juif. —
Le Turc, le Koulougli. — Le Colon français et étranger. —
Maltais. — Espagnols, Italiens, Français de diverses prove-
nances. — Nombre et accroissement relatif. — Intérêt et qualités de chacune de ces races, au point de vue de l'Algérie ;
dangers et avantages, avenir.

VII. *L'Algérie.* — Géographie administrative. — Le Gouvernement général et ses rouages — Le XIXe corps d'armée et la
marine. — Situation de l'Algérie vis-à-vis de la Métropole. —
Finances. — Justice. — Administration ; commune de plein
exercice, communes mixtes. — Territoire civil et militaire ;
commune indigène, bureaux arabes. — Naturalisation des
indigène, la propriété, etc.

VIII. *L'Algérie.* — Géographie religieuse. — Religions : nombre
absolu et proportionnel de leurs fidèles. — Importance de la

question religieuse ; effets politiques et civils de la religion de chacun. — Les musulmans : leur nombre par rapport aux chrétiens. — Leurs sectes et leurs ordres. — Organisation légale du culte musulman. — Les Juifs.

IX. *Le Maroc.* — Géographie physique et politique. — L'Angleterre, l'Espagne et la France en présence ; intérêt des questions marocaines.

X. *La Tunisie.* — Géographie physique. — État politique et administratif avant l'occupation française.

XI. *La Tunisie.* — Géographie politique. — Réorganisation des services depuis l'occupation française ; avenir de la Tunisie.

XII. *La Tripolitaine.* — Tripoli et les villes de la côte : le Fezzan : valeur agricole, commerciale, militaire du pays ; son importance politique.

XIII. *Le Sahara.* — Description physique ; les populations et les oasis ; routes du Soudan et du Sénégal ; le question transsaharienne ; les Touareg.

XIV. *Géographie historique.* — Connaissances des anciens et des modernes. — Notions données par les géographes et les inscriptions ; voyageurs anciens et modernes. — Ce qui reste encore à recouvrir ou à préciser.

XIV. *Géographie historique.* — Le Nord de l'Afrique depuis les temps les plus reculés jusqu'à Dioclétien, dont la division a servi de base à tous les groupements postérieurs.

XV. *Géographie historique.* — Le Nord de l'Afrique depuis Dioclétien jusqu'à nos jours.

XVI. *La Sénégambie.* — Races et histoire. — Le mahométisme et ses tendances. — Colonie anglaise. — Colonie française. — Organisation civile, administrative et militaire de celle-ci. — Ses rapports avec l'intérieur. — La route de l'Algérie et la route du Soudan. — La France sur le Niger. — Comptoirs et postes français en Guinée et au Sud. — Postes avancés de l'islamisme dans ces parages.

XVII. *Le Soudan.* — Le mahométisme dans le Soudan. —

L'Islamisme et l'esclavage. — Rôle des Turcs et des Egyptiens, des Arabes, des Touareg. — Situation des peuplades nègres. — Valeur agricole et commerciale du pays. — Avenir. — Tonbouctóu.

XVIII. *Zanzibar et l'Afrique noire.* — Les pays d'Ajan, de Zanguebar, de Mózambique. — Nègres et Arabes. — Colonies européennes. — Pénétration du mahométisme dans l'Afrique centrale. — Nombre relatif des musulmans. — Le centre religieux de Zanzibar ; sa relation avec Maskate, métropole du Wahabisme. — L'islamisme à Madagascar.

XIX. *L'Egypte.* — Géographie. — Etat ancien, état actuel.— La France et l'Angleterre. — Races et religions diverses, etc.

XX. *Les voisins et les dépendances de l'Egypte.* — Nubie. — Soudan égyptien. – Désert de Libye et oasis· — Cyrénaïque.— L'Abyssinie. — La Mer Rouge et le golfe d'Aden.

LES MUSULMANS HORS DE L'AFRIQUE

XXI. Arabie

XXII. Provinces asiatiques de l'empire ottoman.

XXIII. Provinces européennes de l'empire Ottoman.

XXIV. Musulmans d'Europe hors de l'empire Ottoman.

XXV. Turkestan.

XXVI Sibérie et pays tartares.

XXVII. Perse.

XXVIII. Afghanistan, Béloutchistan, Indes.

XXIX. Empire chinois.

XXX. Malaisie et Insulinde.

CONCLUSION

XXXI. *Communications entre les pays et les peuples musulmans.* — Lignes de navigation, routes et chemins de fer. — Chemins de caravanes. — Hospitalité, droits du voyageur ; traditions et usages. — Lien universel entre musulmans, sentiments des uns pour les autres. — Le pèlerinage de la Mekke. —Organisation administrative et légale du pèlerinage pour les sujets et protégés de la France.

XXXII. *La civilisation en pays musulmans.* — Historique, état actuel. — Caractères généraux ; différences suivant les pays, les races, les circonstances. — L'islamisme et la science, l'islamisme et l'art, l'islamisme et le droit. — La propagande. — Progrès, recul ; causes de l'un et de l'autre. — Comparaison avec les autres religions.

XXXIII. *L'islamisme dans le monde* — Races qui l'ont adopté, combattu, rejeté, transformé. — Les sectes et leurs raisons d'être suivant les temps et les pays. — De la prétendue adaptation de l'islamisme à certains milieux. — Comment il faut en tenir compte dans certains milieux. — Comment il faut en tenir compte dans l'administration, le droit, les affaires, les essais en faveur du progrès. — De ses caractères nationaux et ethnographiques,

XXXIV. *L'islamisme et les non-musulmans.* — Situation des mahométans vis-a-vis des non-musulmans dans chacun des différents pays passés jusqu'ici en revue. — Etat légal et état réel. — Comparaison avec la situation des autres communions dominantes et dissidentes dans les pays civilisés.

XXXV. *Résumé du cours.* — Revue rapide des principales notions exposées. — Situation des populations musulmanes dans l'ensemble des races humaines et dans chaque pays ; leur état actuel, leur avenir. — Insister principalement sur les musulmans des possessions françaises.

Histoire moderne de l'Afrique

Professeur : M. CAT

Conférence : Mardi, 4 heures du soir. — Histoire de l'Afrique Moderne, conformément au programme commun du diplôme d'arabe et du certificat de législation algérienne et tunisienne dont la teneur suit :

Diplôme de langue arabe

Programme d'histoire

I. — Aperçu des races qui se sont succédées dans l'Afrique septentrionale depuis l'antiquité jusqu'à nos jours. — Temps antérieurs à la domination punique. — Mélange antique de blonds et de bruns. — Cavernes et tombeaux mégalithiques.

II. — Les Phéniciens de Sidon et de Tyr. — Fondation de Carthage. — Limites et nature du gouvernement de Carthage. — Les guerres puniques. — Annibal. — Chute de Carthage.

III. — Etablissement et progrès de la domination romaine, depuis la chute de Carthage jusqu'au règne de Trajan. — Masinissa ; Juba II ; les provinces romaines du Ier siècle. — Système colonial des Romains.

IV. — La domination romaine, de Trajan à Valens et Valentinien. — Villes principales, routes. — Changements administratifs introduits par Dioclétien. — Le Christianisme — Tertullien et les Montanistes. — Les Donatistes et les Circoncellions. — Saint-Augustin.

V. — Invasion des Vandales. — Leur établissement en Afrique. — Leurs rapports avec l'empire romain. — Persécution des catholiques, révolte des indigènes. — Décadence des rois vandales. — Gélimer.

VI. — La restauration byzantine. — Bélisaire. — L'œuvre de Salomon en Afrique. — Division des provinces africaines sous Justinien. — Révoltes dans la Tripolitaine et dans l'Aurès, abandon des Maurétanies. — Le patrice Grégoire.

VII. — Le prophète Mohammed et la religion musulmane. — Le Qoran. — Conquête de l'Arabie, de la Syrie et de la Perse par les Musulmans. — Les quatre premiers khalifes ; la querelle d'Ali et de Moaouia.

VIII. — Première invasion arabe en Afrique. — Mort de Grégoire. —Fondation de Kairouan. — Conquêtes et mort de Sidi Oqba. — Hassan ben Noman et la Kahina. — Soumission temporaire des indigènes.

— 163 —

tentative d'organisation de l'Afrique septentrionale. — Ses succès ; causes de sa défaite.

XXIX. — L'Algérie de 1848 à 1870. — Faits militaires ; systèmes divers d'occupation et de colonisation. — Le Sénatus-Consulte. — En quoi les mœurs et la religion des indigènes font obstacle à la civilisation française. — La propriété indigène.

XXX. — L'Algérie de 1870 à 1884. — Le régime civil. — Extension de la colonisation ; nouvelle organisation politique et administration de l'Algérie. — Faits militaires récents ; révolte de la Grande-Kabylie, révolte d'El-Amri ; soulèvement dans l'Aurès, Bou Amama et les Aoulad Sidi Ech Cheikh. — Occupation de la Tunisie et du Mezàb.

XXXI. — Etat de l'Algérie en 1884. — Colonisation. — Travaux publics. — Agriculture. — Industrie. — Finances. — Condition des indigènes.

CHAIRE DE LANGUE ARABE
Professeur : M. René Basset
Premier semestre

Conférence : Lundi, de 5 h. 1/2 à 6 h. 1/2. — Le *Diwân* d'Aous ibn Hadjar (fin).

L'explication de cette année sera consacrée à terminer les pièces du *Diwan* d'Aous ibn Hadjar d'après l'édition de Geyer, en y joignant un commentaire géographique, littéraire et grammatical, puisé dans les poètes antérieurs à l'islam.

Cours : jeudi, de 5 h. 1/2 à 6 h. 1/2. — *Les Mille et une Nuits* (suite).

Les morceaux expliqués sont la série d'anecdotes qui remplissent une partie du troisième volume de l'édition de Beyrout ; elles seront rapprochées des versions analogues conservées dans les ouvrages de littérature d'El Ishaqi, El Itlidi, El Ibchihi, El Hamaoui, Masoudi, etc. L'explication se terminera par l'histoire de Taouaddoud qui est un résumé de l'enseignement scolastique des Arabes au moyen-âge et par la comparaison avec les versions espagnole et portugaise de ce conte.

Samedi, de 4 h. 1/2 à 5 h. 1/2. — Ibn el Abbâr, *Hollat es-Siara*, fragments contenus dans l'ouvrage de Dozy, *Notices sur quelques manuscrits arabes* (Leyde Brill, 1847-1841). Ces fragments contiennent les biographies des princes et des nobles d'Espagne qui ont cultivé la poésie. Les données qu'elles renferment seront comparées à celles que nous fournissent les autres écrivains contemporains ou postérieurs, tant au point de vue historique qu'au point de vue littéraire.

Deuxième semestre

Conférence : Lundi, de 5 h. 1/2 à 6 h. 1/2. — Le *Diwân* d'El Motanabbi. Comme dans la précédente année, l'explication portera sur les pièces composées par Motanabbi pendant sa jeunesse : l'imitation qu'il a fait des poètes antérieurs sera l'objet d'un examen spécial : les commentaires d'El Ouahidi et d'El Okbari et l'ouvrage d'El Bedi'i seront utilisés à ce point de vue, comme celui de Nasif el Yazidji, pour l'intelligence du texte.

Cours : Jeudi, de 5 h. 1/2 à 6 h. 1/2. — *Les Mille et une Nuits* (suite).

Conférence : Samedi, de 4 h. 1/2 à 6 h. 1/2. — Extraits de la chronique anonyme intitulée *Kitâb al'Oyoun* ; textes publiés par Anspach : *Historia Kalifatus Al Walidi et Solaïmani* (Leyde, 1853, in-8°) ; de Goeje : *Historia Khalifatus Omari II, Yazidi II et Hischami* (Leyde, 1849, in-8°) et Matthiessen : *Historia Chalifatus al Motacimi* (Leyde, 1849, in-12).

Les données de cette chronique seront comparées à celles que fournissent les autres écrivains arabes : Beladzori, Tabari, Masoudi, Ibn el Athir, etc.

COURS COMPLÉMENTAIRE DE LITTÉRATURE ARABE ET DE LITTÉRATURE PERSANE

Chargé du cours : M. Fagnan.

Cours : Mercredi, à 5 h. 1/2. — De la justice : qualités requises du juge ; sa compétence ; procédés qu'il doit suivre. — Des témoins: leur dignité et leur indignité ; dans quelles conditions leurs dires sont recevables et rétractables. — Les autres genres de preuves : pièces écrites, serments, etc. Exposé de la théorie malékite sur ces sujets d'après Sidi Khalil (éd. de Paris, p. 189 et suiv. ; commentaires de Kharchi et de Derdir). — Rapprochements sommaires avec la doctrine hanéfite et le droit français. — Fixation de la terminologie.

Conférence : Vendredi, à 5 heures 1/2. — Le Koran (Sourates XIX et suiv.) expliqué grammaticalement et historiquement à l'aide des commentaires de Beydhawi et de Hakki.

COURS COMPLÉMENTAIRE D'ARABE VULGAIRE

Chargé du cours : M. Belkassem ben Sedira

Le samedi est consacré à la 3e année : on y traduit des actes judiciaires, des jugements de cadi, des décisions ou consultations de mufti. Ces jugements et décisions contiennent ordinairement des citations juridiques du *Précis de jurisprudence* de Sidi Khalil, de la *Tohfa* d'Ibn Acem, qui sont expliquées, au cours, à l'aide des commentaires en renom, tels que ceux de Kharchi, Derdir, etc.

2o ÉCOLE SUPÉRIEUR DE DROIT

DROIT MUSULMAN ET COUNUMES INDIGÈNES

M. Morand, professeur.

Introduction

Sources du droit musulman. — Rites orthodoxes. — Rite Ibadite.
Sources du droit kabyle. — Les coutumes.

De la mesure dans laquelle le droit musulman et les coutumes kabyles sont applicables en Algérie. — Et des juridictions qui ont mission de les appliquer.

Première partie

De la condition des personnes

Le mariage. — Sa formation et sa dissolution. — Des effets du mariage. — Paternité et filiation. — Incapacités générales et spéciales. — De l'interdiction pour cause de minorité, de démence, de prodigalité.

Deuxième partie

Du régime des biens

De la condition des terres en pays arabe et kabyle. — Propriété. — Possession. — Démembrements de la propriété. — Droits réels.

Troisième partie

Des divers modes d'acquérir

Des successions *ab intestat*. — Des donations entre vifs et testamentaires. — Des contrats.

Quatrième partie

Procédure musulmane. — Théorie des preuves

Cinquième partie

Des conflits de lois spéciaux à l'Algérie

Des conflits qui peuvent s'élever entre la législation française et la législation musulmane ou les coutumes kabyles. — Des conflits qui peuvent s'élever entre les divers rites musulmans ou entre la législation musulmane et les coutumes kabyles.

3° TRAVAUX PERSONNELS DES PROFESSEURS DES ÉCOLES SUPÉRIEURES, PARUS EN 1898-1899 ET INTÉRESSANT LES QUESTIONS ISLAMIQUES.

M. Waille, professeur de littérature française : *Autour des mosquées d'Alger*, in *Rev. Afr.* 1895.

M. René Basset, professeur de langue et de littérature arabes : *L'Apocalypse d'Esdras*, Paris, 1899 (contient des passages intéressants pour l'histoire de l'Islâm). — *Les études islamiques* en 1898, in *Rev Hist Rel*, 1899. — *Les sanctuaires du Djebel Nefousa*, in *Journ-Asiat.* 1899 ; — et de très abondantes contributions à l'étude du folklore musulman dans tous les numéros sans exception de la *Revue des Traditions populaires*. M. Augustin Bernard, professeur de Géographie de l'Afrique : *Revue bibliographique des Travaux relatifs à la Géographie de l'Afrique du Nord* (donne des indications sur la bibliographie des questions indigènes), Alger, 1899 ; — collaboration active aux *Questions diplomatiques et coloniales*, où une large place est faite aux questions musulmanes.

M. Fagnan, professeur de littérature arabe et persane : *Annales du Magreb et de l'Espagne*, par Ibn el-Atsîr (en cours de publication dans la *Revue africaine* : c'est la traduction de tous les passages du célèbre historien qui intéressent l'Occident musulman).

M. de Calassanti-Motylinski, professeur à la chaire publique de langue et de littérature arabe de Constantine : *Le Djebel Nefousa*, texte et traduction, 3 fasc. Paris, 1898-1899 (important pour le khâredjisme).

M. Mouliéras, professeur à la chaire publique de langue et de littérature arabes d'Oran : *Le Maroc Inconnu*, t. II, 1 volume de 813 p. et carte, Oran, 1899 (indispensable pour l'étude de l'Is'âm marocain).

M. Colin, professeur de droit administratif : *Questions algériennes et musulmanes*, 1 vol., Paris, 1899.

M. Morand, professeur de droit musulman et de coutumes indigènes : *La prescription en droit musulman*, Alger, 1898.

V

Livres intéressant l'Islâm publiés par le Gouvernement général de l'Algérie

Nous avons parlé de la collection de traductions d'auteurs arabes entreprise par le Gouvernement général. Il ne sera peut-être pas hors de propos de donner la liste des travaux déjà parus et qui tous, ont été favorablement accueillis et appréciés par les revues savantes :

J. D. Luciani chef de bureau au Gouvernement général. — *Petit traité de Théologie musulmane, par Senoussi, texte, traduction française et commentaire,* Alger, 1896.

J. D. Luciani, chef de bureau au Gouvernement général. — *Petit Traité des Successions musulmanes (Rah'bia), texte, traduction française et commmentaire,* Alger, 1896.

Bagard, interprète militaire au Gouvernement général — *Petit traité des formes du verbe (El-Binâ), texte arabe avec traduction française,* Alger, 1896.

J. Sicard, interprète militaire au Gouvernement général. — *Petit traité de grammaire arabe en vers par El Attar,* Alger, 1898.

René Basset, directeur de l'Ecole Supérieure des Lettre, d'Alger. - *Le Tableau de Cébès, version arabe d'Ibn Miskaoueih publiée et traduite avec une introduction et des notes,* Alger, 1898.

J. D. Luciani, chef de bureau au Gouvernement général. — *Balance de la Loi musulmane ou Esprit de la Législation islamique, et divergence de ses quatre rites jurisprudentiels par Cha'rânî, traduit de l'arabe par le Dr Perron* (édité par J. D Luciani), Alger, 1898.

A. de Cassanti Motylinski, professeur à la chaire publique de langue et de littérature arabes de Constantine, directeur de la Médersa. — *Les Mansions lunaires des Arabes, texte arabe en vers de Moh'ammed el Moqri, traduit et annoté,* Alger, 1899.

Léon Gauthier, professeur de philosophie musulmane à l'Ecole Supérieure des Lettres d'Alger. — *Hayy ben Yaqdhân, roman philosophique d'Ibn Thofaïl. Texte arabe publié d'après un nouveau manuscrit avec les variantes des anciens textes et traduction française*, Alger, 1900.

E. Fagnan, professeur de littératures arabe et persane à l'Ecole Supérieure des Lettres d'Alger. — *Traduction du Bayân d'Ibn el 'Adzârî* (en cours d'impression).

Nous ne pouvons omettre non plus de mentionner ici deux ouvrages qui ont été imprimés aux frais du Gouvernement général de l'Algérie : l'un est le livre de Depont et Coppolani sur « *Les Confréries religieuses musulmanes* » que nous avons déjà si souvent cité ; l'autre est celui de de La Martinière et Lacroix, *Documents sur le Nord-Ouest africain*, 4 vol. 1894-1897, ouvrage qui malheureusement n'a pas été mis dans le commerce et qui contient d'importants matériaux pour l'étude de l'Islâm maghribin.

Enfin le Gouvernement général a encore encouragé les études islâmiques en confiant à diverses personnes des missions comportant l'étude des questions musulmanes ; il convient en particulier de citer, comme étant tout à fait récentes : la mission donnée par le Ministre de l'Instruction publique à M. Mouliéras, professeur à la chaire de langue et de littérature arabes d'Oran, qui avait pour but l'étude sur place des Universités de Fez, et à laquelle le Gouvernement général a donné son assistance, et la mission dont M. le Gouverneur général a récemment chargé M. René Basset, directeur de l'Ecole Supérieure des Lettres, à l'effet de faire dans les Traras, des recherches archéologiques, historiques et islamiques.

VI

Extrait des instructions de M. le Gouverneur général en date du 25 janvier 1895, sur la surveillance politique et administrative des indigènes algériens et des musulmans étrangers (p. 23-38).

ORDRES RELIGIEUX. — MOSQUÉES. — ZAOUIA. — ZIARA. — PERSONNAGES RELIGIEUX. — FRÈRES QUÊTEURS. — PÉLERINAGE DE LA MECQUE. — DERRERS. — BATTELEURS. — CHANTEURS AMBULANTS. — COLPORTEURS KABYLES.

Les principaux ordres religieux qui ont des représentants en Algérie, sont :

1º L'ordre des Rahmanya ;
2º   —   Taïbya ;
3º   —   Kadrya ;
4º   —   Tidjanya ;
5º   —   Chadelya Derkaoua.

Ces différentes sectes, auxquelles on en pourrait ajouter d'autres moins importantes, et dont l'une — celle des Senoussya — nous est franchement hostile, doivent constamment être l'objet d'une surveillance à la fois prudente, éclairée et étroite.

Il n'est pas question ici d'apporter la moindre entrave au libre exercice du culte musulman garanti par la capitulation de 1830. Il s'agit simplement d'observer l'esprit, les allures et les agissements des membres de ces sectes et surtout de leurs représentants.

. Mais ce libre exercice ne saurait aller jusqu'à tolérer, en dehors des points consacrés au culte, des manifestations qui, en général, surexcitent les esprits, peuvent occasionner du désordre et se terminent, presque toujours, sous forme de quêtes qui sont, pour les musulmans, un véritable impôt qu'ils ne savent refuser à raison du couvert religieux sous lequel il se présente.

Je sais qu'il existe des représentants de la religion musulmane qui consacrent le produit des aumômes ainsi recueillies à soulager bien des misères ; il en est qui entretiennent dans leur zaouïa, nombre de nécessiteux. Mais à côté de ces personnages qui comprennent leurs devoirs, combien en est-il qui font de leur état religieux une véritable spéculation ? Tels, pour ne parler que d'eux, ces nombreux émissaires étrangers et frères quêteurs qui parcourent le pays en draînant des offrandes qu'ils emportent chez eux, privant ainsi nos indigènes de précieuses ressources.

C'est une vérité bien connue que l'indigène est, avant tout, imprévoyant. C'est donc contre cette imprévoyance qu'il nous faut lutter, et si notre surveillance ne va pas jusqu'à empêcher les aumônes, lorsqu'elles sont librement offertes dans les mosquées ou zaouïa, nous devons, tout au moins, éviter que le produit de ces offrandes profite aux étrangers.

Dans le même ordre d'idées, il est d'une importance capitale que l'autorité locale soit tenue au courant de tout ce qui intéresse les mosquées ou zaouïa. Elle doit connaître exactement la composition du personnel du culte, et posséder la liste des indigènes entretenus par les établissements religieux ou vivant de leurs produits. Si son rôle ne va pas toujours jusqu'à s'immiscer dans la gestion financière de ces mêmes établissements, elle peut, néanmoins, demander des renseignements à cet égard et signaler les abus. Lorsque, pour une cause quelconque, les biens religieux n'ont pas encore été réunis au domaine de l'Etat, c'est à l'Administration locale qu'incombe le devoir de désigner leurs administrateurs et de surveiller la gestion financière de ceux-ci.

C'est surtout dans les petites localités et particulièrement dans les tribus et douars, que doit s'exercer cette surveillance. Là, en effet, il n'existe pas, comme dans les villes et les agglomérations importantes, d'organisation officielle du culte musulman Là, aussi, les moindres nouvelles, quelles qu'elles soient, sont grossies par les racontars et prennent une importance d'autant plus exagérée que les esprits sont moins éclairés et qu'on manque de moyens d'action pour réduire ces mêmes nouvelles à leurs proportions exactes.

Il importe donc que l'autorité soit tenue au courant de tout ce qui se passe au point de vue religieux et signale à l'Administration supérieure les faits de nature à intéresser le bon ordre et la tranquillité publique.

C'est de ces considérations générales qu'il faut bien s'inspirer afin d'éviter, d'une part, des froissements inutiles et d'assurer, de l'autre, le contrôle uniforme que nous avons à exercer sur les diverses pratiques de la religion musulmane.

Ces considérations m'ont amené à tracer les règles ci-après, dont on ne devra pas se départir.

1° Ordres religieux

Surveillance discrète des chefs de ces ordres.

Rendre compte, lorsqu'il y a intérêt immédiat, à l'autorité supérieure (Général ou Préfet) des faits et gestes des personnages religieux et de leurs affiliés. Surveillance toute spéciale et rigoureuse des Khouans de l'ordre des Senoussya, dont le siège principal est à Djer'boub (Tripolitaine) et qui sont nombreux en Algérie, notamment dans l'arrondissement de Mostaganem, où existe une zaouïa de l'ordre.

2° Mosquées. — Zaouïa.

Libre exercice du culte musulman dans les établissements y consacrés. Les manifestations religieuses, autres que celles consacrées par l'usage (pélerinage ou visite aux tombes des marabouts) sont, en principe, interdites.

Le Gouverneur général se réserve le soin d'examiner les demandes qu'un intérêt politique pourrait, exceptionnellement, faire accueillir favorablement.

Les infractions à ces règles seront poursuivies, selon le territoire, par application des lois et règlements en vigueur.

Avoir soin d'établir les listes du personnel des mosquées et zaouïa ainsi que celles des personnes entretenues par ces établissements ou vivant de leurs produits.

Désignation, par l'autorité locale, des administrateurs des biens religieux qui ne seraient das encore réunis au Domaine de l'Etat. Surveillance de la gestion financière de ces administrateurs.

Dans beaucoup de localités, il existe des Koubba dont la garde est généralement confiée à des descendants des marabouts dont ces Koubba renferment les tombeaux.

Il est arrivé qu'on a donné à ces gardiens une investiture officielle ; à l'avenir, l'Administration ne devra plus intervenir dans leur désignation. Elle se bornera à donner son agrément officieux au choix de ces gardiens fait par les indigènes des douars ou des tribus intéressées sauf, bien entendu, à s'opposer aux choix qui viendraient à se porter sur des individualités qui pourraient nous susciter des difficultés.

Tous les six mois, un rapport résumant les faits intéressant les ordres religieux, les mosquées ou les zaouïa sera adressé à l'autorité supérieure pour être transmis au Gouvernement général.

Ziara

Les ziara sont formellement interdites.

Les infractions seront poursuivies comme il est dit ci-dessus.

Lorsque des raisons politiques paraîtront devoir faire fléchir la règle, les demandes de ziara me seront transmises par la voie hiérarchique et j'examinera s'il y a lieu de les autoriser.

Personnages religieux étrangers.
Frères quêteurs.

Depuis quelques années, le nombre de ces personnages s'est considérablement accru : qu'ils viennent de l'Arabie, de la Tripolitaine, du Maroc, de la Syrie ou de tout autre point des pays orientaux, ces personnages qui se présentent toujours sous un couvert religieux, et vendent des amulettes ou de l'eau plus ou moins authentique du puits de Zemzem, sont le plus souvent sans ressources et ne vivent que du produit des aumônes qu'ils recueillent sur leur parcours.

Sous prétexte de mission religieuse ou politique, ils exploitent la crédulité des indigènes, font circuler de fausses nouvelles, commentent les actes de notre Administration et tâchent de nous créer des difficultés. Enfin ils ont rarement des papiers d'identité permettant de se renseigner exactement sur leur compte.

Il sera facile de réduire le nombre de ces individualités peu intéressantes en mettant à exécution, d'une part, les prescriptions qu'on lira au chapitre de la surveillance des étrangers (Interdiction de débarquement) et de l'autre les mesures ci-après :

En vertu des instructions données par M. le Ministre des Affaires étrangères à tous nos représentants dans les pays musulmans, les passeports délivrés à destintion de l'Algérie portent :

1º Obligation, pour le titulaire, de faire viser son passeport à son entrée sur le territoire algérien.

2º Défense absolue de recueillir en Algérie, des ziara, sous peine de se voir rapatrier d'office, sans préjudice des pénalités encourues pour contravention aux règlements en vigueur dans la Colonie.

Ceux qui se conformeront à ces prescriptions ne seront pas inquiétés. On se bornera à les surveiller discrètement et à envoyer, au besoin, des notes de police confidentielles dans les localités de leur itinéraire.

Lorsque, au contraire, trompant la vigilance des autorités de nos frontières de terre, ces personnages religieux parviendront à pénétrer sur notre territoire, on les mettra en demeure de prouver leur identité.

S'ils sont munis de papiers réguliers (passeports établis par nos consuls ou agents consulaires, mais non visés à l'entrée en Algérie), ils seront immédiatement arrêtés et signalés, avec tous renseignements utiles, à l'autorité supérieure (général ou préfet) qui prescrira des mesures en vue de leur expulsion de la colonie.

S'ils sont sans papiers, il sera procédé de la même manière. Dans l'un ou dans l'autre de ces deux cas, on ne laissera partir ces étrangers qu'après avoir examiné si leurs agissements ne tombent pas sous l'application de nos lois pénales.

On n'oubliera pas que les passeports délivrés par le consul général du Maroc à Gibraltar ne sont pas valables, les Marocains qui en sont porteurs n'ayant pour but, en s'embarquant à Gibraltar, que d'échapper au contrôle de la Légation de France à Tanger.

Enfin, les passeports ne sont valables que pour une période déterminée qui s'y trouve indiquée. Passé le délai de validité, le détenteur d'un passeport sera mis dans l'obligation de quitter notre territoire, à moins qu'il ne sollicite un permis de séjour que le général commandant la division ou le préfet du département auront le droit d'accorder ou de refuser.

Dans certaines circonstances, il peut y avoir lieu de saisir les papiers suspects trouvés sur les musulmans étrangers en question et, après en avoir dressé l'inventaire, de les transmettre, contre récépissé, au service de la justice, et ce pour permettre la répression des délits relevés.

Après une ordonnance de non-lieu ou à l'expiration de la peine, tout individu se trouvant dans ces conditions sera remis à la disposition de l'autorité administrative pour expulsion.

Si c'est l'autorité judiciaire qui saisit ces papiers directement et arrête leurs détenteurs, avis devra en être donné à l'autorité administrative.

On s'informera, par la voie hiérarchique, des mesures prises à l'encontre de ces étrangers, afin de me permettre, s'il en est nécessaire, de les signaler à nos consuls ou à nos agents consulaires.

Pélerinage de la Mecque

Il ne s'agit, ici, que de la surveillance à exercer au départ et au retour des pèlerins, les obligations du pèlerinage lui-même étant réglées par mon arrêté du 10 décembre 1894, que je crois devoir reproduire ci-après :

ARRÊTÉ

—

Réglement sur le pèlerinage de la Mecque

—

GOUVERNEUR GÉNÉRAL DE L'ALGÉRIE,

Vu le décret du 26 août 1881, au terme duquel le Gouverneur général règle, par délégation du Ministre de l'Intérieur, les questions relatives aux pèlerinages.

Vu le règlement adopté par la conférence sanitatre internationale de Paris, dans sa séance du 4 mars 1894 ;

Vu les propositions de MM. les Généraux commandant les Divisions et MM. les Préfets des trois départements de l'Algérie,

ARRÊTE :

ARTICLE 1er. — Tout pélerin musulman, quel que soit son lieu d'origine, qui s'embarquera dans un port de l'Algérie à destination de la Mecque devra justifier par des actes authentiques : 1º qu'il dispose de la somme indispensable pour effectuer le voyage, aller et retour, dans de bonnes conditions, laquelle somme est fixée à 1.000 francs ; 2º que sa famille est à l'abri du besoin et n'aura pas à souffrir de son absence ; 3º qu'il a acquitté les impôts et taxes dont il est redevable envers l'Etat ou envers la commune.

Il devra présenter, en outre, un répondant solvable, domicilié dans la même commune et ne prenant pas part au pèlerinage, lequel s'engagera par acte authentique, à rembourser, le cas échéant, les avances qui seraient faites au pèlerin pendant le voyage.

ART. 2. — Toute demande tendant à obtenir l'autorisation d'accomplir le pèlerinage de la Mecque devra être établie sur timbre et remise au Maire, à l'administrateur ou au Com-

mandant supérieur de la commune du domicile, qui la trans-
mettra, avec pièces à l'appui, au Préfet ou au Général commandant la Division, suivant les territoires.

ART. 3. — Les autorités locales ne délivreront aucun permis de voyage avant d'y avoir été autorisées, pour chaque
pèlerin, par décision du Général commandant la Division ou
du Préfet, qui s'assurera si le pèlerin a le temps de se rendre
de son domicile au port d'embarquement avant la date
extrême fixée pour la délivrance des passeports.

. . . .

ART. 8 — Les pèlerins seront répartis en groupes de vingt
personnes en moyenne, suivant leur pays d'origine, et chaque
groupe aura un chef désigné, autant que possible, par l'autorité administrative de la commune du domicile, ou par l'autorité du lieu d'embarquement, ou enfin, par le Commissaire
du Gouvernement à bord.

ART. 9. — Les chefs de groupe seront choisis parmi les pèlerins sachant lire et écrire en français ou en arabe et, de
préférence, parmi ceux qui sont déjà investis de fonctions
offieielles en Algérie. Il leur sera délivrée par l'une des autorités désignées à l'art. 8 un titre de nomination accompagné
de la liste des pèlerins composant chaque groupe. Ils seront
chargé de la réception des vivres à distribuer aux passagers,
et serviront d'intermédiaire entre les pèlerins et les représentants de l'autorité française. Ils devront fournir au Commissaire du Gouvernement et au Consul de France à Djedda tous
les renseignements utiles.

. . . .

ART. 11. — Tout musulman résidant en Algérie qui se sera
soustrait aux conditions imposées par le présent arrêté sera,
à son retour du pèlerinage, interné dans un pénitencier pour
une durée qui sera fixée par le Gouverneur général sur la
proposition du Général commandant la Divison ou du
Préfet.

. . . .

ART. 15. — Tout navire destiné au transport des pèlerins sera, avant toute opération d'embarquement, visité à son point de départ, en Algérie, par une Commission spéciale dont la composition sera fixée par le Préfet ou le Sous-Préfet, et qui s'assurera que le navire remplit toutes les conditions déferminées par la Convention sanitaire internrtionale de Paris et par le présent règlement. Un mesurage de l'entrepont déterminera le nombre maximum de pèlerins qui pourra y être logé pendant toute la traversée, aller et retour, sans que la surface réservée à chaque pèlerin puisse jamais être inférieure à deux mètres carrés avec une hauteur d'entrepont d'au moins un mètre quatre-vingts centimètres.

. . . .

ART. 18. — Le Prix du passage, qui sera débattu librement entre les pèlerins et l'armateur du bateau, devra comprendre le voyage direct des ports de l'Algérie à Djedda, et le voyage de la route de Djedda en Algérie, avec escale à Yambo, pour permettre aux pèlerins de visiter Médine. Il comprendra également les droits dus à l'Office de Santé ottoman, droits qui seront acquittés, à l'arrivée en Arabie, par le capitaine du bateau, pour tous les passagers, et la nourriture du pèlerin à bord pendant la fraversée de retour de Djedda à Yambo, et de Yambo en Algérie.

ART. 19. — L'alimentation à bord sera assurée par les denrées dont la nomenclature suit : boîtes de sardines, lentilles, pois ehiches, julienne en tablettes pressées, farine, pain, biscuit, couscous, riz, caisses de lait concentré, raisins secs, figues sèches, café en grains, thé, sucre blanc, poivre rouge, épices, sel fin, poivre noir de Cayenne, huile d'olives de cuisine, huile de Kabylie, beurre arabe salé, viande, charbon de bois.

Les quantités à embarquer seront fixées proportionnellement au nombre des passgers par le Service sanitaire qui aura le droit de refuser l'embarquement des vivres dont la qualité laisserait à désirer.

. . . .

ART. 22. Le médecin, dont la présence à bord est exigée par la convention sanitaire internationale de Paris, sera désigné par la Compagnie de navigation et devra être agréé par le Préfet ou le Sous-Préfet. Il exercera les fonctions de Commissaire du Gouvernement à bord. Dans le cas prévu par l'art. 11 de la Convention sanitaire, où un second médecin devrait être embarqué, le Préfet ou le Sous-Préfet désignera celui des deux qui sera Commissaire du Gonvernement.

. . . .

ART. 26. — Le Commissaire du Gouvernement devra veiller rigoureusement, à ce que le nombre des pèlerins autorisé ne soit jamais dépassé. Il veillera également à ce que le dénombrement des passagers soit établi avec le concours et le côntrôle des autorités sanitaires et consulaires. Il s'opposera à tout embarquement sur des points de la côte où ces autorités ne sont pas représentées. Il aura le droit de prescrire le débarquement et le repatriement aux frais de la Compagnie, de tout pélerin qui aura été embarqué sans avoir satisfait aux conditions imposées.

ART. 27. — Le Commissaire doit se concerter avec les autorités sanitaires et consulaires pour empêcher l'encombrement du bateau et l'embarquement d'un surcroît de passagers. Il s'assurera, à chaque escale, que le nom, le sexe et le nombre des passagers embarqués ou débarqués sont mentionnés sur la patente du navire. Il devra, en outre, tenir à la disposition du Consul de France à Djedda tous les renseignements qui lui seront demandés touchant les pélerins.

. . . .

ART. 32. — Les pèlerins étrangers qui, n'étant pas partis d'un port de l'Algérie, auront pris passage, à leur retour du pèlerinage, sur les bateaux transportant les pèlerins algériens, ne seront pas autorisés à débarquer sur le territoire français et devront être conduits dans leur pays d'origine par la voie de mer et aux frais de l'armement. En conséquence, les agents de navigation et les capitaines sont prévenus que le transbordement des pèlerins étrangers en Algérie est interdit. Les bateaux qui auraient à leur bord des pèlerins non algériens suivront la condition de ces pèlerins et ne seront reçus dans aucun port algérien.

ART. 33. — Les Compagnies de navigation et les capitaines des bateaux affectés au transport des pèlerins sont tenus de se conformer aux prescriptions du règlement élaboré par la Commission sanitaire internationale de Paris. Les infractions commises seront constatées par le Commissaire du Gouvernement ou par les agents du Service sanitaire, et mention en sera faite sur la patente de santé, ainsi que sur la liste des pèlerins, les procès verbaux seront transmis au Procureur général de la Cour d'Appel d'Alger aussitôt après le retour du bateau en Algérie.

ART. 34. — Le présent arrêté sera publié en français et en arabe dans le journal officiel *Le Mobacher*, accompagné du règlement de la Commission sanitaire internationale également ment traduit en langue arabe.

Fait à Alger, le 10 décembre 1894.

Le Gouverneur général,
JULES CAMBON.

Au départ des pèlerins et à leur retour, les différents services de police (gendarmerie, sureté, police maritime), devront concourir à prendre les dispositions utiles pour assurer l'entière exécution des descriptions qui précèdent.

Quelques-uns de nos pèlerins retardent leur retour de la Mecque. La plupart du temps il reviennent par la voie de terre, après avoir séjourné en Tripolitaine. On me signalera toujours ces individualités qui sont soupçonnées, à bon droit, d'être affiliées à l'ordre des Senoussya.

12

www.ingramcontent.com/pod-product-compliance
Lightning Source LLC
Chambersburg PA
CBHW072018080426
42733CB00010B/1748